知的生きかた文庫

この人と結婚するために

ジョン・グレイ
秋元 康 訳

三笠書房

MARS AND VENUS ON A DATE

by John Gray, Ph.D.

First published by HarperCollins Publishers, New York, NY.
Japanese paperback translation rights arranged with
Linda Michaels Ltd., International Literary Agents, New York
through Tuttle-Mori Agency, Inc., Tokyo

もくじ

2章

第一ステージ　ひかれ合う

……恋はいつでもギブ・アンド・テイクの要領で

3章

第二ステージ　心が揺れる

……この人で本当にいいの？　じっくりと見極める時、焦りは禁物です

6章

第五ステージ　プロポーズと婚約

……二人で困難に立ち向かう予行演習もすませます

7章

男が追いかけ、女が応える
……過去も未来もこの法則は絶対に変わりません

8章

なぜ、男は電話をしないのか
……電話――恋の小道具はあなどれません

9章 女がいちばん「女らしく」なる時
……あなたの笑顔は、磁石のように彼をひきつける

10章

なぜ、結婚までたどりつけないのか

……あなたの頑《かたく》なな態度、「問題あり」かもしれません

11章

ベスト・パートナーの条件

……「この人」に出会えたのは、けっして偶然ではありません

はじめに
どうしたら理想の人と出会い、すてきな結婚ができるのか

「もともと、男は火星人で女は金星人だった——男と女は、それほど考え方、感じ方から行動まで、まったく異質な存在なのである。だから、お互いの気持ちを通じさせるためには、相手にわかる言葉で話さなくてはならないし、相手が自分の言葉をどう受け止めるのかを、きちんと理解しなくてはならない」

私はこれまで、ベストセラー『ベスト・パートナーになるために』（三笠書房刊）など、数多くの本を出版し、またセミナーや講演会を開催したりして、男女の人間関係やコミュニケーションのあり方について、考察を深めてきました。

そのセミナーを、私は必ずこの「男は火星人、女は金星人」の話から始めることにしています。

なぜ、女性は男性の、男性は女性の気持ちがわからずに、フラストレーションをためていってしまうのか、なぜ本当はうまくいったはずの二人の仲がこわれてしまうの

か。また、何が二人の間に足りなかったのか。

多くの男女が出会いを重ね、おつきあいをしていくうえで、同じような壁にぶつかり、悩んでいます。こうしたことはすべて、男性と女性の考え方や感じ方が〝異星人のように〟根本的に違っている、という事実を知らないことに原因があるのです。

そして、男女の違いを理解しないまま、女性は「女の論理」で問題を解決しようとし、男性も同じように、「男の論理」で女性に対しているのです。

でも、これではいつまで経っても平行線。お互いに不満を抱えたままで、問題はいっこうに解決しません。本当は心から安らげる相手を求めていたのに、逆にお互いに疲れ果ててしまいます。大切なのは、男女がお互いに〝別の星からやってきたほど〟違う存在だということを理解して、自分の気持ちが相手にきちんと伝わるような努力をする、ということなのです。

それでは、女は男に、男は女にいったい何を望んでいるのか、そして何を伝えたいのか。まずは、それを見ていくことにしましょう。

女の「なぜ」と男の「どうして」をくらべてみると――

私の「男と女の人間関係」についてのセミナー中に、よく、シングルの女性がやってきて、こう言うのです。

「どうして二人の出会いが実を結ばなかったのか、わかりません」

「万事うまくいっていたはずなのに、なぜ彼は私から去っていったの」

大部分の女性にとって、男性の気持ちをつかみ、二人の関係を実りあるものにするのは至難のわざ。それもそのはず、彼女たちの質問を聞いていると、男性のことをまったく勘違いしていたり誤解していたりすることがわかります。

◁女性の質問▷

- 私にぴったりの男性をひきつけるにはどうすればいいの？
- 男性はどうしてあんなに、自分のことばかり話すの？
- デートの後に電話をくれないのはなぜ？
- 真剣につきあってくれないのはなぜ？
- どうすれば、打ち解けて話をしてくれるの？
- 二人の関係をうまく運ぶために、なぜ私が何もかもしなければならないの？
- 万事とてもうまくいっているけれど、彼は結婚したがらない。どうすればいいの？
- うまくいかないことがわかっているのに、いつも同じタイプの男性とつきあってしまうのはなぜ？

いっぽう男性は、また違った質問をします。彼らの質問の意図は、二人の関係を間違いなく成功させたい、ということに尽きます。ところが、男性もまた女性に対して勘違いや誤解をしていることが見えてくるのです。

◁男性の質問▷

- どうして女性はストレートにものを言えないのか？
- 女性はなぜ、率直ではないのか？
- どうしてつまらないことで口論になるのだろう？
- 彼女が私のパートナーとなるべき人かどうか、どうすればわかるのか？
- 現在の関係で申し分ないのに、なぜわざわざ、結婚しようとするのか？
- なぜ僕を質問ぜめにするのか？

先の質問には、それぞれ、デートや二人の関係について、男女の考え方の違いが如実に出ていますが、共通点が二つあります。それは男性も女性も、自分たちの関係を愛のあるものにしたい、と考えていること。けれど彼らは、明らかにお互いに理解し合っていない、ということなのです。男女の関係において自分の望みをかなえようとすると、時として私たちは無力感に襲われます。なぜなら、お互いの誤解がもとで、私たち自身が知らないうちに二人の関係をこわしている場合があるからです。

女性は、パートナーを「真剣な交際のできない男性」だときめつけて、あきらめてしまうことがあります。また男性はパートナーを「息苦しくなるような要求をして、自分から自由を奪う女性」だと思いこみ、興味をなくしていってしまうのです。

あなたがいかに誠実であっても、パートナーがあなたの悪意のない自然な反応や受け答えを誤解していれば、二人の関係はうまくいきません。自分にも相手にも正直である、というだけではダメなのです。

二人の「出会い」とデートを成功させるには、さらに自分の言動が相手にどう受け取られるかをよく考えなければなりません。「ありのままの自分」でいてはいけない場合だってあるのです。それどころか、自分の直観的な反応を抑え、こちらの真意が伝わるような言葉を、よくよく選ばなければならないのです。

さて、異性のことがわかれば、自分の希望を効果的にかなえる決断や選択ができるようになります。私はこれまでの著書のなかで、こうした男女の違いについていろいろと述べてきました。しかし、シングルの人たちに関する問題については、扱いきれなかったものがたくさんあります。そこで、シングルの人たちや交際中のカップルを対象にこの本を書こうと思いたったのです。

シングルの男女について理解を深めるということは、デートの五つのステージ（ひかれ合う、心が揺れる、相手をひとりに決める、親密な関係になる、プロポーズと婚約）について考えることです。この五つのステージをしっかりとマスターすれば、なぜ今までのデートがうまくいかなかったのかがわかり、デートへの偏見や気おくれも解消されることでしょう。

本書で「相手を見る目」を養うことで、もっと楽に、お互いの行動を解釈でき、それに応じた行動がとれるようになるでしょう。

「出会い」から「結婚」までの五つのステージ

【第一ステージ――ひかれ合う】

デートの第一ステージでは、私たちはパートナー候補にまず魅力を感じます。この最初のステージでは相手にひかれる気持ちを表現する機会をいかに確実にとらえ、相手を理解していくかが課題となります。男性と女性では、デートへのアプローチの方法が違うことをよく理解していれば、相手に良い印象を与えることができるはずです。

【第二ステージ――心が揺れる】

第二ステージにはいると、相手にひかれる気持ちが変化して、パートナーがはたして自分にふさわしいのかどうか、確信が持てなくなります。ここでは、この不安も正常なものであることを認め、動揺しないように努めなければなりません。不安を覚えるからといって、その相手があなたに合っていないとは限りません。自分にとって本当に特別だと思える人と交際している時にいろいろな迷いが生じるのは、ごく自然なこと。

このステージを理解していないと、男性はパートナーが定まらずに転々としますし、女性は相手の男性を上まわる熱心さで彼を追い求めるという過ちを犯しやすいのです。

【第三ステージ――相手をひとりに決める】

第三ステージでは、パートナーをひとりに限ってデートしたいと思うようになります。特別な関係のなかで、お互いに愛情のやりとりをする機会を求めるのです。リラックスして、ともに過ごす時間を増やしたくなります。

自分にふさわしい相手を探すことに費やされていたエネルギーのすべてを、今度はお互いの愛情に満ちたロマンチックな関係をつくり出すことに注げるのです。

このステージでは、あまりにも気楽になり過ぎて、パートナーへのちょっとした気遣いを忘れてしまう恐れがあります。

【第四ステージ――親密な関係になる】

第四ステージにはいると、本当に親密な関係になってきます。気持ちにゆとりができるので、お互いに構えることもなく、いっそう理解を深め合います。

二人がいちばんいいところを発揮し合える時ですが、互いの長所とは言えない面にも対処していかなければなりません。男女の、親密さに対する反応の違いを理解しておかないと、二人のペースがあまりにも違い過ぎる、といった間違った結論を出してしまいがちです。

【第五ステージ――プロポーズと婚約】

第五ステージになると、自分が結婚したいのは交際中の相手なのだと確信し、婚約に至ります。愛を公にする機会が訪れるのです。この時、二人の関係は、喜びや幸福感、そして愛情に満ちたものになります。気持ちが高揚し、将来に対する期待も高まります。そこで、多くのカップルがあわてて結婚してしまうという過ちを犯します。この婚約期間の重要性を理解していないからです。

結婚、同居、そして家庭を構えること――これらにチャレンジする前に、ともに何かを分かち合い、意見の相違やさまざまな問題点を解決するというプラスの経験を積むために、この時期はあるのです。愛のあるロマンチックな人生を送るための基盤は、このステージでしっかりと準備されるのです。

本書では、デートの五つのステージと、各ステージで生じるさまざまな問題を一貫して見ていきます。デートへのアプローチが男女でどう違うのかということを各章で述べていきますので、あなたはパートナーのことを正しく理解し、また相手の誤解を招かないような受け答えができるようになることでしょう。そして、パートナーと望みどおりの関係をつくり出すことができるのです。

デートにもこんなルールがあります

つきあい始めたばかりの相手がいる人。あるいは、つきあって何年にもなる相手がいる人。それぞれ立場は違っても、一様に感じているのは、デートは難しいし、つらく不安な時が確かにある、ということです。

けれども、デートの五つのステージで、どんなことが起こるのかをあらかじめ知っていれば、驚くほど楽にデートができるようになり、生涯のパートナーを見つけることができるのです。

たとえば、第一ステージで、自分にあれほど興味を示していたのに、会った翌日に電話もくれないとこぼしたとしても、相手の男性の心理がわかれば、もう、いたずらに気を揉まなくてもいいのです。そして、新たに上手な電話のかけ方を学ぶことによって、デートのプロセスをもっと自由に楽しめます。もう、彼がいつ電話をくれるかとやきもきしながら、電話を待つことはありません。

来るべきものに備えていれば、あわてることも、自信をなくすこともありません。また、過男女の関係の妙がわかっていれば、以前ほど過ちを犯さなくなるでしょう。このようにちからも学べるようになり、同じ間違いを何度も繰り返さずにすみます。このように男女の相違を理解することで、悪いパターンの繰り返しから抜け出せるのです。

けれど、男性は火星から、女性は金星からやってきたほど違う存在なのだということを理解したからといって、どんな人とでも必ずベスト・パートナーになれるとは限りません。しかし、デートのプロセスはより楽しく、快適で、無駄のないものになるはずです。

時には、この知識のおかげで、自分が合わない相手とつきあっていることをより早く悟る場合もあるでしょう。はっきりそうとわかれば、ぴったりした相手を見つけるために、すんなり次の行動に移れます。相手がふさわしい人ではないことに気づくのが早いぶん、気持ちを切り替えて、ふさわしいパートナーを見つけるのも早くなるのです。

デートの五つのステージを理解することによって、自分が今どの段階にいるのか、またどの段階に進みたいのかが、はっきりとわかるようになります。一つのパターンにはまりこんでしまった時にも、どうすればそこから抜け出して次に進めるのかに気づくでしょう。

そして、運命の人と恋に落ちる準備が整った時、きっとあなたのベスト・パートナーはあらわれるはずです。思いきって自分の気持ちに素直になり、じっくり交際してみましょう。そうしてあなたは、永遠に続く真実の愛を見出せる人になっていくのです。

1章

理想の人に出会うまで、紆余曲折はつきものです

……ベスト・パートナーにめぐり会うための心理法則

自分にぴったりのパートナーを見つけるのは、アーチェリーで的の真ん中に矢を命中させるようなものです。狙いを定めてみごと的中させるには、練習あるのみ。〝ビギナーズ・ラック〟で一発で命中させる人もいるかもしれませんが、普通はそうはいきません。

パートナー探しも、これとまったく同じ。ぴったりの相手が見つかるまでには、たいてい何人かの人との「出会い」を経験するものです。なかには、いたずらに「出会い」を重ねてしまう人もいます。それは、彼らのアプローチには何かが欠けているからです。こういうケースもアーチェリーにたとえて考えてみると、何が足りないのかよくわかります。

的を狙ったけれど、はずしてしまったとしましょう。矢は中心より左にそれています。この場合、次回からあなたは前よりもやや右に狙って弓を引くでしょう。このよ

うなことを繰り返し、心のなかで自己修正を重ねて、やっと的に命中させることができるのです。

男女の仲もまた同じです。デートして相手が自分にふさわしくないことに気づくたびに、自己修正する意識が働きます。すると次の機会には、理想の相手により近い人に心ひかれるでしょう。もちろん、そのためには相手が理想像とどれだけかけ離れていたのか、はっきり自覚しなければなりません。

矢が的から大きくはずれてしまったのならば、大きく修正する必要がありますし、的に近ければ微調整ですみます。同様に、相手が理想のタイプとはまったくかけ離れているのなら、がらりと方向転換する必要がありますし、そう遠からずであれば、大きく変えなくてもいいわけです。

相手を正しく評価すること。これは、自分にぴったりの、あるいは少なくともそれに近い相手を見つけ、好きになるために大切なことです。

どうすれば相手が自分にふさわしいとわかる?

シングルの人は、よくこう尋ねます。

「相手が自分にふさわしいかどうか、どうすればわかるのですか?」

現在のパートナーは自分にふさわしい、と言いきれる人たちに、同じこの質問をしてみます。すると、たいていの人はこのように答えるでしょう。

「うーん、言葉ではうまく説明できないけれど……ただ、わかるものなんですよ」

ベスト・パートナー同士が恋に落ちる時は、ただお互いにそうと認め合ったから、という他ないのです。これは明快かつ単純なことです。今日は天気がいい、あるいは水を飲んで、それが冷たくてすっきりしているのがわかる。岩を持ってみて固いのがわかる。そうした認識と同じです。自分にふさわしい相手と一緒にいる時は、ただ、それがわかるのです。理由や資格を書き連ねた長いリストなど、まったく必要ありません。ふさわしい相手がやってきたら、「わかる」のです。相手が自分にふさわしい理由は、それからの暮らしのなかで見つけていけばいいのです。

ただし、彼らの答えは真実である一方、誤解を招きやすいことも事実です。もし「相手がベスト・パートナーかどうかわからないのなら、相手を間違えている」というようにも受け取れるからです。

したがって、次のように答えるのが間違いないでしょう。適切な条件が揃っている時――すなわち自分の心が開いていて、たまたまふさわしい人がそこにいる時、あなたは「わかる」のです。心を開いている時にたまたま合わない相手といたとしたら、相手が違うことも「わかり」ます。

生涯をともにしたい相手を見つけるには、心を開くことです。たとえふさわしい相手と一緒にいたとしても、相手に対して心を開いていなければ、「わかる」ことはできません。デートの五つのステージを体験していくことによって適切な条件が整うと、ふさわしい相手が近づいた時に「わかる」能力が養われます。相手がふさわしくない場合も、それが「わかる」ようになります。

ひとたび「わかる」能力を身につければ、ふさわしい相手を見つけるのも、また、相手に見つけてもらうのも簡単になります。あとは、出会いと別れの決断を繰り返すたびに、理想の相手を射止めるという目標に近づいていくでしょう。

恋をすると、どうして冷静でいられなくなるのか

恋に落ちると冷静さを欠く人が多いもの。そんな彼らは、いったん人を愛したら、永遠に一緒にいたいと願うのが当然だと思いこんでいます。そこで別れ話を切り出されると、相手の愛は本物ではなかったのだと誤解し、裏切られたと思ってしまいます。

彼らは、愛しているだけではダメだということがわかっていないのです。愛した人が理想の相手、ベスト・パートナーではないこともある、ということに気づいていないのです。

そして、パートナーが自分とは合わないことに気づいた場合も、別れることに罪悪感を抱いたり、別れを正当化するために、二人の間で何がうまくいかなかったのかということに必要以上にこだわったりします。

なかには、別れを正当化するためにさらに批判的になり、相手を非難してしまう人もいます。愛のある別れ方を知らないカップルは、お互いの最悪の面を引き出してしまうのです。これでは、無益であるばかりか、新たにふさわしい相手を見つけることがますます難しくなってしまいます。

男の「罪悪感」と女の「被害者意識」

どのように別れ、その「出会い」をどう評価するか。これは、自分にふさわしい人にひかれる感受性を高めるために、欠かせない問題です。一つの関係から、次の、より理想に近い関係へ確実に移っていく秘訣は、別れ方に神経を遣うことです。前の相手とどのように別れたのか。このことが、次の関係の良し悪しを大きく左右します。いい別れはいい出会いの始まりだからです。

相手を恨んだり、罪の意識にとらわれたりして別れてしまうと、自分に合った相手を探すために次の行動に移るのがとても難しくなります。別れの際、侮辱された、あるいは期待を裏切られたと、私たちはとかく怒りの感情を抱くものです。たいていの場合、女性は自分があれほど尽くしたのに報われなかったと思い、恨みを持ってしまうのです。一方、男性のほうは罪悪感にとらわれがちです。彼らは二人の関係が失敗に終わったことを悔やみ、女性の不満に責任を感じます。

男性の罪悪感、女性の被害者意識。これが典型的なパターンですが、逆の場合もあります。一般に、拒絶されたとか見捨てられたという気持ちの強いほうが、恨みを抱きます。拒絶したほうは罪悪感を持ちます。しかし、結果は同じで、どちらも閉鎖的な気持ちで別れることになるのです。

心を閉ざしたままで自分に合った相手を見つけるのは、至難のわざです。心が開かれていれば、ふさわしい相手にひかれ、恋をすることもできます。あるいはそこまでいかなくても、一歩進んでより理想に近いパートナーが見つかります。とにかくゴールに近づいているのは間違いありません。ところが心を閉ざしていると、また同じ過ちを繰り返すものなのです。

恨みや罪悪感を抱いたまま別れてしまうと、心のしこりや未解決の問題を解きほぐす助けになってくれるような人にひかれます。過ちを犯したり、後で悔やむようなことをした経験は、誰しもあるものです。過去を振り返って、「あんなこと、するんじゃなかった」「言わなければ良かったのに」「あの態度はまずかった」と思うのはごく自然なことです。そして、結論はこうです。

「もう一回、過去に戻ってやり直せるものなら」

過去に戻って悔い改めたいと思うのは、人間の性《さが》。でも、終わった関係を悔やんでいると、今度は出会ったことを後悔するような人物にひかれてしまいます。このことを正しく理解しない限り、悪いパターンから抜け出せません。

一方、過去のデートや特別な関係に対して肯定的な感情を抱いていれば、新たな行動に移る力が湧いてきます。そして、次の機会にはもう悪いパターンに陥ることなく、より理想に近い人に目が向くのです。

別れの決断を長引かせる悲劇

否定的な気持ちで別れてしまう原因の一つに、交際期間が長すぎるということがあります。こういうカップルは、相手を間違えていることに気づかないまま、何となく関係を続けます。それどころか、何とかうまくいくようにとしばしば無理を重ねます。パートナーや自分自身を変えようとするのです。二人をぴったり合わせようと努力するうちに、事態を悪化させていることに気づきません。

理想に近い、というのに過ぎない自分たちの関係を、理想の関係そのものにしようとするので、フラストレーションを起こし、失望します。より良い関係を築こうとしながら、お互いの最悪の面を引き出してしまうのです。

別れた後、友人としてなら仲良くなれることに気づくカップルが多いわけも、これで説明がつきます。恋人時代、結婚を目指していた彼らは、相手や自分を変えようと心の底で無理を重ね、それがもとでよく言い争いをしていました。関係を無理に発展させようとするのをあきらめてみれば、ずっと親しい、愛情あるつきあいができたはずなのです。

丸い穴を四角い栓でふさごうとしても、到底うまくいきません。もともと合わない二人をぴったり合わせようとするから、しなくてもいい苦労やけんかをする破目に陥るのです。パートナーと合わない場合は、それを見極めて新たな出発をするべき潮時というものがあるのです。

それができないと、些細なことで激しい口論を重ねたあげく、お互いに拒絶と怒りの感情を抱きながら別れることになるのです。お互いのいちばんいいところを引き出さずに、最悪の面をあらわにして。

たとえお互いの意思を円滑に伝えるテクニックがあったとしても、ベスト・パートナーではない二人の仲が改善することはありません。大切なのは、上手な「別れ方」を知っているかどうかなのです。

「愛している」だけではうまくいかない時もある

ここで、ビルとスーザンの例を見てみましょう。

彼らは三年間交際しました。つきあい始めて二年が経ったころ、ビルは、自分がスーザンとの交際を続けたいのかどうか、あやふやな気持ちになっていました。

ビルはスーザンという女性がわかるにつれて、自分たちはお互いにふさわしい相手ではないと考え始めたのです。彼女のことは好きでしたが、結婚したくはありませんでした。

スーザンは納得がいきません。彼女は、彼がつきあい続けることをためらっているのを感じ、面と向かって問いただしました。

「好きなのに、なぜ一緒にいたくないの？　どうしてあっさり別れられるの？　卑怯だわ、愛してくれていると思ったのに。愛しているのに、さよならしたいなんてことがある？　私たちは特別な仲なのに。あなたは親しくなるのを恐れてばかり。もう一度やり直す気はないの？」

ビルはこう答えるばかりでした。

「君のことは愛してる。でも、何か違うんだ」

スーザンは聞く耳を持ちませんでした。やがて口論に明け暮れるようになり、二人は破局を迎えることになります。食事をする店を決めるのにさえ、けんかになるようなありさまでした。

ひとりの異性と知り合って恋をし、その後、相手が自分にふさわしくないことに気がつく。これがまったく健全なことだと、二人は知らなかったのです。愛ある別れどころではありません。彼らはいさかい続きで、お互いにまったく好意を持てなくなって関係を断ちました。

こうした重要なことが見抜けないばかりに、多くの人が相手のプラス面に目を向けることなく、マイナス面ばかり見て別れてしまうのです。

「恋の駆け引き」よりも大切なこと

あなたにはじめに覚悟しておいてほしいことは、相手が自分のベスト・パートナーである、と確信が持てるようになるまでには、たいてい、五つのステージを時間をかけて進んでいかねばならない、ということです。

相手に愛され、結婚したいと思ってもらうための、戦略や駆け引きは確かにあります。けれど、たとえ策をめぐらしてその相手と結婚しても、本当にふさわしい相手でなければ、その後の人生がずっと幸福であるという保証はありません。

相手に愛され、結婚したいと思ってもらうための、戦略や駆け引きはあります。けれど、こういう方法で獲得した相手があなたにふさわしいという保証はありません。

昔は、相手のことを知らないまま結婚することに、何の問題もありませんでした。結婚は主に、生活の保証を得るためのものだったからです。

私たちの祖先は、何よりも、自身や子供が無事に生存していくため、という理由から結婚する相手を求めました。

私たちの親の世代になると、人を愛することを覚え、ロマンスの花を咲かせるまでになります。しかし、ロマンスの永続は保証されていませんでした。

過去においては、結婚はロマンスの終わりを意味しました。永遠のロマンスは、結婚とはまったく無縁のものだったのです。

しかし、ともに愛と情熱を深めていけるパートナーを見つけるつもりなら、対象となるのはごく限られた人、つまりあなたの魂が選び、認めた相手でなければなりません。

時として神の思し召しのように思える出会いも、私たちが自らの心でそれを望んだ結果なのです。

この四つの「ひかれ合う」要素がありますか

ベスト・パートナーには、お互いのいちばん良いところを引き出し合えるという、独特の能力が備わっています。ところが反面、私たちの最悪な面まで引き出してしまう場合もあります。

それは、意思の伝え方の問題なのです。優れたコミュニケーションの技術があれば、自分の長所を引き出してもらえるのです。ベスト・パートナーに対しては、私たちは単に肉体的に興味を覚えるだけでなく、精神的にもひかれるものです。

交際相手との間には、基本的に、肉体、感情、心、魂の四種のひかれ合う力が働きます。肉体的な引力により欲望が、感情的な引力によって親愛の情が生まれます。心の引力からは関心が、魂の引力からは愛が生じるのです。ベスト・パートナーはこれら四種の引力をすべて持ち合わせています。

魅力的な女《ひと》ほど陥りやすいジレンマ

肉体的な引力そのものは、すぐに尽きてしまいます。男性は、手っ取り早く性的な満足を与えてくれそうな魅力のある女性にひかれやすいものです。多くの若い男性にとっては、肉体的な引力は、ただセックスの機会を持っただけで生じます。でも、ほんの数回の情熱的なデートで、この女性に対する興味はあっという間に消え去ってしまいます。

私はカウンセラーをしていて、ある衝撃的なパターンに気がつき驚きました。とても人目を引く女性、モデルや映画スターのような容姿の女性の多くが、共通の不満を抱いていました。「夫が自分に性的な魅力を感じてくれない」と言うのです。

私は絶句しました。彼女たちのような女性に魅力を感じないでいられる男性など、想像もできません。

しかし、彼女たちの言葉は本当だったのです。やがてその理由がわかりました。彼らは肉体関係に重きをおき過ぎて、お互いに理解し合うことも愛し合うこともしてこなかったのです。そのため、お互いが本当にパートナーとしてふさわしいかどうかわかっていなかったのです。

肉体的な引力は、感情、心、そして魂における引力の後ろ盾なしには持続しません。時とともに深まっていくこともありません。感情、心、魂の情熱が揃わないまま、肉体の快楽と情熱を体験してしまえば、しだいに肉体的な引力は消え失せるでしょう。肉体的な魅力が生涯保たれるのは、それが感情、心、そしてもちろん魂の引力によって生じている場合に限られます。

男性の「愛してる」は「結婚したい」とは限らない

お互いが十分に心を開き合っていない交際の初期では、ふさわしい相手を見つけるのに、ひかれる気持ちや関心といった感覚に頼ります。でも、この感覚に従ってたどり着けるのは、感情的な要求を満たす関係まで。

ひとたび感情的な要求を満たせるような仲になると、私たちは心を開いていき、真に愛し合い、親密になります。しかし、その段階では、まだ選んだ相手があなたにふさわしいかどうかわかりません。

心底からの愛を感じるかもしれませんが、まだその相手がベスト・パートナーではない可能性もあります。変わることのない深い愛を見出しても、その人が理想の相手だとは限らないのです。愛すること、イコール結婚だと勘違いしている人は、相手と結婚したいのかどうかははっきりするまでは、けっして心を開いて愛を感じることができません。

多くの男性がこのジレンマに陥ります。男性には相手の女性が、愛されているかどうかを知りたがっていることはわかります。けれど、彼は自分の愛情を打ち明けたくないのです。というのも、もしそうすれば、彼女は彼が結婚してくれることを期待し、結婚しなければ彼女はひどく傷つくはずだからです。

恋愛映画のなかでは、愛しているという言葉は結婚したいという言葉と同じ意味でした。しかし現実は、いつもそうとは限りません。

結婚は、一つの選択

結婚は一つの選択です。ただし、他の選択とはわけが違います。結婚は、愛していれば誰とでも、というものではありません。そうではなく、一生をともにできる相手を選ぶ、ということなのです。だから、相手を本当に愛しているからといって、その人が自分の結婚相手であるとは限りません。

生涯のパートナーを選ぶこと。これは、二人の仲の良し悪しを基準にして頭のなかで決断をくだすことではありません。相手から受けるフィーリングを相対的に評価して決めることでもありません。相手の容姿や条件を見て判断することとも違います。これは、もっと深遠な行為なのです。魂がその人との結婚を望む時、私たちは、まるでこの赤い糸を引き寄せるためにこの世に生まれてきたかのように感じます。二人で生きていくことが、運命のように思えるのです。

真に相手を理解し、自分の本当の気持ちを知ることができるのは、私たちの心が開かれ、愛で満たされている時しかありません。確かに、心を開いている時にしか、ぴったりした相手を選択することはできません。そして、心が開いてさえいれば、相手がふさわしくないことも確実にわかるものなのです。

このことをよく理解していれば、罪の意識や恨みを抱かずに、きっぱりと別れられます。愛されていたはずなのに拒まれたとか、裏切られたような気持ちになることもなく、このように現実を認めることができます。

「そう、あなたは私を愛してくれた。でも、お互いにふさわしい相手ではなかった。私はあなたのベスト・パートナーではなかったのね。がっかりしてるし、傷ついてもいる。でも、許してあげましょう。どうかお元気で。もうこれで、私は自分にふさわしい相手を探しに、新たな一歩が踏み出せるわ」

それでは、次にそうした例を見てみましょう。

"恨み言"に終始してしまう時期

ビルに受け入れられなかったスーザンの言葉はこうでした。

「あなたさえ、私だけを見てくれていたら、協力してくれていたら、うまくいったのに。もっと気を遣って、真剣になってくれていたら、すてきなカップルになれたわ。あなたがそんなに自分のことにばかりかまけていないで、もっと私の身になってくれていたら、結婚してずっと幸福に暮らせたのに。でもそうじゃなかった。あなたなんか何をやってもダメ、挫折するわよ。これで私の人生は台無し。私にはあなたしかいなかったのに。そんなあなたのために、三年も無駄にしてしまったわ」

ひとりで私のカウンセリングを受けに来た時、彼女はすっかりやつれていました。

「すごく愛している相手なのに、ふさわしくないなんてことがあるの？　私たちはなぜ別れなければならなかったの？」

私が、もっとふさわしい相手が見つかるからと安心させようとしても、まったく耳を貸そうとしません。

過去にふられた経験のある人ならたいてい、多かれ少なかれスーザンと同じような気持ちになったことがあるものです。確かに、無理もありません。でも、これを吹っ切って、愛と寛容というプラスの気持ちを持たなければなりません。

「別れる人」にも感謝できるようになって――

三カ月が過ぎたころ、スーザンはまた恋愛にのめり込みます。彼女はジャックと深く愛し合いました。一年間は何もかもとてもうまくいっていたのですが、その後、彼女はジャックが自分には合っていないことに気づきました。彼を愛してはいましたが、彼に対する理解が深まるにつれ、まったく自分にはふさわしくないということがわかったのです。

別れを切り出した彼女に、彼はもう一度よく考えて、やり直してほしいと頼み続けました。ひどく傷ついている彼を見捨てるのだと思うと、スーザンの心は痛みます。二人はさらに数カ月努力してみましたが、結局、事態は悪くなるばかりだということが、スーザンにはわかりました。ビルに別れを切り出された時に自分が言った言葉を、今度は彼女がジャックから聞かされる番でした。

相手を愛していても結婚したくない場合があるということを、この時はじめてスーザンも理解しました。カウンセリングの場で、彼女はやっとビルを許せるようになりました。もう彼が去ったわけもわかります。

そして、彼女はビルのことを好意的に考えられるようになりました。胸の内でわだかまっていた憎しみが吹っ切れたからです。

罪悪感を持ったり心を痛めたりしないで、ジャックと別れることができました。彼が自分に合わないことも、そして、ふさわしい相手を見つけるつもりなら、新たな目標に向かわなければならないことも、よくわかっていました。それまでの彼女なら、やましさを感じ、どうしようもなくなるまで、だらだらとつきあい続けたでしょう。今回はジャックに同情しながらも、罪悪感を抱かずに別れられました。二人で過ごした時間に感謝しつつも、すでに別れる覚悟ができていたのです。

愛だけでは不十分だと理解することや、そして前向きな態度で別れること——こうしたことの大切さをスーザンの体験は教えてくれます。最終的に恨みや罪悪感を捨て去ることで、スーザンもビルも、その後新しいパートナーを見つけることができたのです。

思いがけない出会いのために、まずは自分磨き

デートの手順として、まずしなければならないことは、パートナーを探し求めるのをやめて、パートナーがあらわれた時にそうとわかるように、自分磨きに専念することです。たいていは思いがけない時に、ベスト・パートナーを見つけたり、あるいは見つけてもらったりするものです。あなたの準備が整えば、あなたにふさわしい人は

あらわれるのです。

たいていは思いがけない時に、ベスト・パートナーを見つけたり、あるいは見つけてもらったりするものです。

自分を磨くうえで大切なのは、自分に対する理解を深めていくということ。私たちはいつも、男性であるとは、あるいは女性であるとはどういうことなのかを学び続けています。デートが刺激的なのは、相手のことばかりではなく、自分自身についてもわかっていくからです。若い人はパートナーを見つけるためではなく、自分自身について学び、自分の気持ちを見極めるためにデートをします。

この時期に相手にひかれる気持ちはまず、のぼせ上がりです。相手を愛していると思うかもしれませんが、本当は心を奪われているだけなのです。相手と一緒にいられるという期待でわくわくするのですが、現実に相手のことがわかり始めると、興奮はおさまります。

確かに、心からひかれ、愛情や関心を抱いてはいても、まだ真の愛にまでは熟していません。けれどこの段階を通過することは、ふさわしい相手を見つける準備をするうえで、大切なことなのです。

また交際がうまくいかなかった、あるいはふられたと感じている——こういう場合には、ただ男性として、あるいは女性としての自分に自信を持つために、デートしなければならないこともあります。

ひとたび自分が異性にとって魅力的であるという自信を取り戻せば、デートの第一ステージの先に進み、二人だけの関係というものを、もっと真面目に考えられるようになるからです。

「大人」になるから、すてきな出会いにもめぐり会える

両親から独立し、何もかも依存しない——私たちは普通、二十代でこのように考えて自立し、自分自身を学んでいきます。

自分はどういう人間なのか。何が好きで、何がきらいなのか。何ができるのか。何が必要で、いらないものは何なのか。

試行錯誤しながら、見極めていかなければなりません。

長年続いた関係や結婚を解消したばかりという人は、たとえいくつであっても、ま

た二十代に戻ったも同然です。

まずは、もう一度自立心を見出せるかどうかが試されます。この自立心こそ、男女の親密さの基本なのです。

別れのショックから立ち直っていない人は、食べ物を探し求める飢えた人間と同じようなもの。分かち合う相手を探すどころではありません。とにかく食べさせてくれる相手を探し続けます。

別れのショックから立ち直っていない人は、食べ物に飢えた人間と同じ。
とにかく食べさせてくれる相手を探し求めます。

親密な関係を持つため、ひいては、ふさわしい相手を見分けるためには、まずひとりで食べていくことができなければなりません。パートナーと奢《おご》ったり奢られたりを楽しめるのは、それからのことです。

年齢にかかわらず、独立心、自立心が高まるにつれ、魅力的、優しい、おもしろいというだけの相手との交際では満足できなくなります。一緒にいると楽しい、愉快だ、というだけでは物足りず、それ以上のものを求めます。お互いに理解し合える、より真剣で充実した機会が欲しいのです。二人だけの愛に満ちた関係から何が得られるのか、突き詰めてみなければと、ごく自然に感じ始めます。

「ベスト・パートナー」がいつも完璧とは限りません

また、ベスト・パートナーはけっして完璧ではないということも、心得ておく必要があります。その相手はすべてが理想的というわけではなく、自分なりの哲学を持っていることもあるでしょう。あなたと同じで、調子のいい時も悪い時もあるはずです。あなたのきらいな欠点を持っているかもしれません。

それにもかかわらず、あなたが心を開き、相手を理解した時、どういうわけか、あなたにとっては完璧になるのです。

その人を愛さずにはいられないという気持ち——いろいろな点であなたとはまったく異なる相手と生活をともにするためには、この気持ちが拠りどころとなります。この愛が原動力となって、あなたは相手に対し、協力し、尊敬し、真価を認め、大切にし、また賞賛もするのです。

常に簡単かつ楽とは限らない、こうしたプロセスを通して、あなたの人間ができていきます。あなたの魂が成長するチャンスなのです。

毛虫が蝶になるプロセスは、容易ではありません。成虫になったばかりの蝶は、さなぎから出るのに悪戦苦闘します。まさにその苦闘の過程で、蝶は羽の筋肉を鍛え、飛ぶのに必要な体力を養うのです。もしあなたが、かわいそうに思い、蝶を楽にしてやろうとさなぎを切り裂いたなら、蝶は飛ぶ力を身につけられないでしょう。あとは、死あるのみです。

もしパートナーから何らかの形で問題を課されなければ、あなたのいちばんすてきなところは引き出されないでしょう。ベスト・パートナーは、私たちの良い面を引き出してくれる、理想的なパートナーなのです。そして私たちの長所は、こうした問題をくぐり抜けて、はじめて表に出てくる場合もあるのです。

結婚すれば、ありとあらゆるマイナス面を克服しなければなりません。批判的である、難癖をつける、わがまま、横暴、依存的、厳格、お人好し、融通がきかない、疑り深い、短気、などなど。つまり、ベスト・パートナーはあなたに、こうした性質を克服する機会を与えてくれるのです。

自分の未知なる面がおもてに出てくると、心の奥底にある愛の力が発揮され、より強く、愛情深くなり、問題が解決できるようになります。蝶の場合と同じく、あなたの魂はこの過程で、自由に飛ぶチャンスを得るのです。

相手を「この人」と決められない時は――

あなたが完全を求めるタイプなら、まず自分の心を開かなくては、けっしてひとりの相手では満足できないかもしれません。相手を決められない場合は、はっきり「わかる」まで結論を出さないことです。そして、相手がふさわしいとわかった時点で、その人に決めるのです。そうでなければ別れて、少なくとも一年間は振り返らないようにします。例を見てみましょう。

リチャードは三十五歳。結婚の経験はありませんが、交際した女性は山ほど。ルックスも気立ても魅力的で、地位もあり、結婚を望んでいます。特別な女性も何人かいたのですが、いつも何かが欠けていて、ひとりに落ち着くことはできませんでした。

その特別な女性たちについて、彼はこう語っています。

「サラはすばらしかった。陽気で快活、僕とは正反対のタイプだ。一緒にいて楽しく、結婚寸前までいったけれど、彼女も僕も、踏み切る気にはならなかった。

キャロルはいつも、ありのままの僕を愛してくれた。彼女は僕と一緒にいたがったし、二人ですばらしい時を過ごした。彼女は本当にすてきだった。まったく、あれ以上の女性は望めないほど。ただ、彼女はサラほど陽気で快活ではなかったんだ。

で彼女といると、僕はいつも鼻が高かった。キャロルは僕のすべてを好んでくれた。マリーといると、僕は常に気を張り詰めていなければならないような気がした。悪い気分じゃなかったけれど、そんな状態で生活していけるとは思えなかった……」

マリーほど美しい女性には、会ったことがないよ。利口な、成功した女性だ。人前で彼女といると、僕はいつも鼻が高かった。結婚することも考えたけれど、彼女はキャロルほど僕に合わせてくれなかった。

リチャードは女性たちを比較しながら、まだまだ何時間でもしゃべることができるでしょう。彼が結婚を決断できなかった根本的な原因は、彼が相手の女性に完全無欠を求めたことにあります。交際経験が豊かになるにつれて、理想が高くなっていったのです。

彼は完璧な相手を探し求めていたために、常につきあっている女性を誰かと比較し続けていました。手に入る可能性があるものは、すべて手に入れたかったのです。

ふられるのが嫌だから、何人ともつきあう

リチャードは「ベスト・パートナーは完璧ではない」ということを知らなかったばかりではなく、あれこれと目移りしていました。

彼は相手をひとりに限って交際したことがありません。ただひとりの女性に対して

心を開くことができなかったのです。

ひとりの女性にひかれた後、心が定まらないままつきあい続けるのではなく、迷いを感じては、よそで比較、物色し始めていました。彼はいつも汚い手を使っていました。この女性がダメなら、別の女性を、と常にスペアを用意していたのです。

ひとりの女性とだけつきあってふられる、という危険を冒す前に、もうひとりの女性を確保していました。その結果、半年以上ひとりの女性とだけつきあったという経験が、まったくありません。

彼は特別な仲になると必ず、「相手をひとりに決める」ステージをとばして、第四ステージ「親密な関係になる」に移り、そしてまた第二ステージ「心が揺れる」に戻っていたのでした。

彼は心の揺れを感じながら、同時に他の女性にも目をやり、追い求めてきました。ステージ間を、また複数のパートナーの間を行きつ戻りつしていたのでは、相手がふさわしいのかどうか、自分の気持ちを知ることはけっしてできません。

〝未練がましさ〟の病根

リチャードが子供時代に、こうした傾向を助長するようなことを経験していたのは確かです。しかし相手をひとりに絞れないのは、根本的に、彼が第四ステージまでをきちんと踏んでいないから。自分にふさわしい相手を見つけるために、相手をひとりに決めることがなぜそれほど重要なのか、彼は教えられたことがありませんでした。

彼の考えはこうです。まず、相手が自分にふさわしいと認めよう。そして、その相手と親密になる。それから相手をひとりに決める。相手をひとりに決めて（第三ステージ）から親密になる（第四ステージ）、というのではないのです。

今でもなお、彼は自分が愛した多くの女性たちを思い返しては、そのうちの四人か五人は、もうちょっとで完璧だったのに、と思います。いまだにこう問い続けているのです。

「たぶん、あの女性がふさわしかったのだろう」あるいは「彼女は僕が得られる相手としては、最高の女性だったのかもしれない」

リチャードは恨みも罪悪感も感じてはいませんが、未練は覚えています。彼女たちのうち誰がふさわしく、誰がそうでなかったのか、彼にははっきりわかりません。彼が態度を改めない限り、これからも絶対にわからないでしょう。

ともかく、比較したり、完璧を求めるのをやめるしか望みはありません。まず、自分がひかれる、明らかに有望な人を見つけることです。そして第一から第四までのステージをしっかりと踏むべきでしょう。そうすれば、最終的に「わかる」能力が身につくはずです。

たとえ、相手とは合わないことが「わかる」ことになっても、少なくとも知ることはできるわけです。こうして、いくらか気持ちが吹っ切れれば、次の関係ではより目標に近づけることでしょう。これは男性でも女性でも、まったく同じことが言えるのです。

さまざまなステージを体験するチャンスだと思ってデートをすれば、そのたびに、ふさわしい相手を見抜いて、それと認める能力が培われていきます。

仮にパートナーにふさわしくない人であっても、私たちが自己修正して次の行動に移るには、まさに役に立つ相手なのです。きちんと相応のステージを踏んで交際していけば、最終的にふさわしい相手を見つける可能性は、ぐんと高くなります。

デートの五つのステージについて、こうしたことを頭に入れておけば、特定の相手と永続する真の愛が築ける場合、またそうでない場合がわかるようになるでしょう。どんな関係であっても、あなたがそこから学び、前向きな態度で別れるのであれば、費やした時間は無駄ではありません。自分の気持ちに正直になって、相手が自分とは合わないのを素直に認めることです。

そのたびにあなたは、ふさわしい相手との出会いに、確実に一歩ずつ近づいていくことになります。

なぜ結婚しないのか、結婚できないのか

最近の結婚に関する統計によると、男性も女性も結婚を決めるまでの期間がより長くなっていることがわかります。彼らは結婚の時期を遅らせています。結婚の誓いを立てる前に、まず理解しておきたいのです。自分たちはどういう人間なのか、何ができるのか、何をしたいのか、どういう方向へ向かっているのか、ということを。結婚してから理解し合おうと試みる前に、まずお互いを知るのは賢明なことです。

自立心が十分に身についていないと、頼れるパートナーがいなくても、十分に自分の人生に満足できるということがわかりません。その段階で結婚をしてしまうと、お互いの愛情をあてにし過ぎてしまう恐れがあります。

両親に依存した状態から完全に脱却してひとり立ちする代わりに、彼らは愛と援助を求めて、両親からパートナーのもとへと移るのです。

つまり、急いで親密な関係を結んでしまうと、結婚生活をうまく運ぶためには欠かせない、精神的な信頼、自信、自立心に気づく機会を逃してしまうのです。

両親から独立して生活することは、大人になるために必要なこと。でも、異性とは別に生活することも、同じく重要です。ひとり暮らしや、同性の友人との共同生活を

通して満足感を見出すことによって、はじめて異性とともに暮らすための、しっかりした基礎ができるのです。

仕事や友人関係で満たされていないと、ともに分かち合うことができる相手よりも、自分を満足させてくれる相手にひかれます。とりあえず誰かに自分の寂しさを満たしてほしい、という状態です。

ひとりの人間として満たされていれば、ふさわしい相手と出会い、結婚生活を円滑に進めていくうえでの基礎を築けるようになるのです。

この「プロセス」を省略して後悔しないように

なにも、早く結婚したカップルはうまくいかない、というわけではありません。ただ、早く結婚するとよけいな問題が起こりがちなのです。迷っているカップルは、二十代であればなおのこと、ゆっくり進むべきでしょう。

お互いにベスト・パートナーでありながら、それを知らない夫婦が多いという、悲しい現実があります。デートの手順や結婚への準備が、何らかの事情で省略されてしまい、結果として、お互いに魂の結びつきをまったく見出せないのです。いったん結婚してしまったら、それを見つけられないとは言いませんが、デートの五つのステージを徹底的に体験しながら見つけるほうが、ずっと楽なのです。

結局、時間をかけて本当に相手を理解することが、成功の秘訣なのです。「彼を知ることは彼を愛することです」とは、ある年配の女性の言葉です。もちろん、相手の男性はベスト・パートナーです。五つのステージをすべてクリアすれば、結婚する前に相手を十分に理解し、いちばんすてきなところを知る機会が確実に得られます。

なかには、各ステージを完全に体験しないでいきなり結婚する、という場合も確かにあるでしょう。しかし、相手が自分にふさわしいかどうかを知り、結婚後も確実に情熱を保つためには、結婚前に五つのステージをすべて体験することが大切なのです。

本書が提案するデートのテクニックを完全にマスターすれば、どんな人とでも五つのステージをすべてクリアし、結婚に至り、永遠の幸福を得ることができる、とは限りません。

しかし、本書で示したような見方ができれば、ふさわしい相手をそれと気づいて見出す能力、さらには相手にも気づいてもらえるようになる能力が身につくはずです。

2章

第一ステージ　ひかれ合う

……恋はいつでもギブ・アンド・テイクの要領で

人がどうこうしなくても、誰かにひかれる時はひかれます。とはいえ、二人がずっとひかれ合っていくためには、自己表現にも工夫が必要。いくらあなたが魅力的でも、こう言っているだけではダメなのです。

「これが私よ。あるがままの私を受け入れて」

愛のある関係をつくり出すマジックとは、種を明かせば、細心の注意を払ってギブ・アンド・テイクのバランスをとることなのです。各ステージを順次体験しながら、男女はともにピタリと息を合わせていくようにしなければなりません。

第一ステージでは、私たちはよく、将来のパートナーとなりそうな人とつきあえば、自分のニーズが満たされるだろうと期待します。この期待こそ、ひかれ合う力を持続させるのです。したがって、ニーズが満たされるというはっきりした手応えがないと、ひかれ合う力も消えてしまいます。

パートナーの行動や反応を誤解して、恋がさめてしまうことはよくありますが、それは男女の考え方、感じ方がまったく違うせいなのです。相手を知るほどにひかれ合う――そんな関係を育てていくにはどうすべきか。これは、交際初期の段階でいちばん大きな問題です。

なぜ男は「火星人」になってしまうのか

この第一ステージでひかれ合っていくためには、いちばんすてきな自分、プラス思考の自分を前面に出さなければなりません。女性ならではの習慣や流儀を理解していない男性は、良い印象を与えようとしながら、うっかりパートナーをしらけさせてしまう場合があります。女性がどういうふうに感じ、何を待ち望んでいるのか、たいていの男性はまったくわかっていません。

彼らは興味を持った女性には迷わず、自分ならそうされたいと思うような態度をとります（多くの場合、これでは女性に喜んでもらえません）。女性に自分を印象づけているつもりでも、実は彼女を興ざめにしているのです。こと女性に関しては、ほとんどの男性はあらゆる面で、「無知」の一言に尽きます。

ラリーとフィービーの例を見てみましょう。

はじめてのあらたまったデートで、ラリーはフィービーをレストランに連れていきました。ディナーのはじめから終わりまで、ラリーはしゃべり通しでした。まるで授業中の先生です。フィービーはずっと彼の目を見ながら注意深く聞き入り、時々微笑を浮かべてうなずいていました。悲しい光景です。

時たまフィービーが何か言おうとしても、彼は彼女を会話に引き込むこともなく、すぐさま自分の話に戻ってしまいます。一見してわかるのは、彼が自分の話に夢中であり、彼女のほうは、礼儀正しくはしていても、退屈し、疎外感を味わっていることでした。

楽しいはずの夕べが、どちらにとっても期待はずれです。ラリーがしゃべり通しだったせいで、二人はまったく親しくなれませんでした。

もしラリーが女性というものを理解していれば、フィービーの本音を引き出すために、彼女にもっと質問していたでしょう。また、フィービーが男性というものをわかっていたら、礼儀正しく耳を傾けるばかりではなく、彼の話をきっぱりさえぎって、もっと自分から話したはずです。

男性は、女性の流儀を本能的に理解できません。つまり、本質的に「火星人」なのです。彼は、はた迷惑な粗忽者《そこつもの》と同じで、自分が及ぼしている影響には、てんで気づいていませんでした。女性がもっとも元気づけられ、良い印象を抱くのは、自分自身のことを話したり、一方的にアドバイスする男性ではなく、興味を持って自分の話を聞いてくれる男性です。彼らはこのことがわかっていません。このささやかな真実を男性が見抜けるか否かで、二人の関係には雲泥の差が生じます。

相手が〝特別な存在〟に変わる時——

デートが難しいと感じるのは、異性というものを理解していないからです。ひとりの男性が、女性に電話番号を尋ねるべきかどうか迷っています。どうやって聞き出そう。彼女は僕に気があるだろうか。

彼は、彼女を口説き落として夢中にさせる力が自分にあるとは気づいていません。どうしたら、彼女にもっと興味を持ってもらえるようになるのか、わかっていないのです。男性が女性に特別な感情を持ってもらおうと何らかの行動を起こせば、必ず彼女の目には彼がより魅力的に映るようになります。私のセミナーで女性たちが語っています。

「たとえはじめは魅力を感じない男性であっても、自分に関心を持ってくれれば、興味が湧いてきます」

もし、彼が思いきって彼女に電話番号を尋ねたり、デートに誘ったりしていたら、あえてそうしてくれたというだけの理由で、女性は承諾したくなります。これだけで特別な気分になり、有頂天になってしまうのです。

彼女を知る喜び、ただこれだけを頼りに、男性がさきほどあげたことをすべて実行できれば、彼は女性の目にさらに魅力的に映るでしょう。逆に、彼の求めに対して、ひどく気を遣わなければならない場合や、彼の感情を害さないように神経を尖らせなければならない場合には、彼にあまり魅力を感じなくなってしまいます。彼のことを気遣う必要がなく、ただ彼が彼女に関心を持っているという事実を楽しむだけでいい。女心をさらに魅了するのは、こういう時なのです。

女性を夢中にさせずにはおかない驚くべき力を自分が持っていることに、ほとんどの男性は気づいていません。その力は、彼が男女の違いを理解してはじめて湧いてくるものなのです。

こんな「身勝手な期待」を男性にしていませんか

女性もまた男性を誤解しています。女性はよく、こんな誤った考えを抱いています。

「私にふさわしい男性なら、私の欲しいものがわかるし、何も言わなくても私の要求を察してくれるはず。そして自分の関心を示すために、きっと私と同じことをするでしょう」

こんな身勝手な期待をしておいて、彼がそれに応えてくれないと、彼女は必要以上に不満や失望を感じてしまいます。

たとえば女性は、「男性に質問を浴びせることで、自分の関心をあらわす」という間違いを犯します。彼が話している間、彼女は我慢強く聞き続けます。強い関心を示しながら聞いてあげれば、もっと自分に興味を持ってもらえるはずだと思っているからです。同じ女性に対しては、これで構いませんが、男性には通用しません。

なぜなら、男性は話せば話すほど、その話題に熱中するものだからです。だから、男性に自分への関心を持ってもらうためには、女性はもっと積極的な態度で会話に参加し、本当の自分をわかってもらわなければなりません。

さらに、女性の話し方しだいで、たいへんな差が生じます。女同士なら、友人が二人集まると、日頃のトラブル、失敗、失望、愚痴などをざっくばらんに、喜んで打ち明け合います。実際、女性が快く「何もかも打ち明ける」ことは、相手の女性への賛辞なのです。こうして、信頼、好意、友情を示すわけです。

しかし、こうしたことは、女性には「良い印象を与える」かもしれませんが、男性にとってはそうではありません。男性には、悪い印象を持たれやすいでしょう。女性から日常の嫌な思いや問題をくどくどと聞かされた場合、男性は、「よくぞ隠さずに快く打ち明けてくれた」などと評価することはしません。それどころか、彼女のことを気難しい女性に違いないときめつけてしまうのです。
女性が自分に関心を示してくれる男性にひかれるように、男性は素直に喜びをあらわにできる女性にひかれます。気難しそうな女性だと思ったら、彼はとたんに興味を失うかもしれません。

女性が自分に関心を示してくれる男性にひかれるように、男性は素直に喜びをあらわにできる女性にひかれます。

男女がお互いのいちばん良いところを発揮してつきあう理想的な機会をつくるには、女性は嫌な体験をくどくど話すのは避け、自分のプラス面をわかってもらうように注意を払わなければなりません。深刻にならず肩の凝らない会話をすべきでしょう。話題は最近はやっていること、自分の趣味や日常の出来事を中心にし、とにかく前向きな態度で話し合うのです。
女性は自身を偽るべきだ、と言うつもりは毛頭ありません。率直な人はとても魅力的です。誰にでもプラスの面とマイナスの面があり、調子の良い時と悪い時があり、依存的な面と自立した面があります。

良い印象を与えるようにするということは、自分のいちばんプラスの面、調子の良い時の顔、自立しているところを理解してもらうということなのです。別の面は後でわかってもらえます。これは単なるタイミングの問題なのです。

できるだけ良い印象を持ってもらうためにも、また相手をうまく理解するためにも、まずプラスの面を知る機会を得ることが重要です。

「ひかれ合う」「心が揺れる」「相手をひとりに決める」といった、デートの第三ステージまでは、とにかくいちばん良い自分を前面に出すことに専念するべきです。良い面を知ったうえで「親密な関係になる」第四ステージに入れば、お互いの良いとは言えない面も受け入れられるようになります。

さらに、どんな関係にも問題は生じるものですが、そういう試練の際にも、よく順応し、理解できるようになります。あまり早く親密になり過ぎると、女性は依存的になり、男性が離れていってしまうということになりかねません。男性が肉体的に早く親密になりたがるように、女性は感情面ですぐに何もかも親密になろうとしますが、これは誤りです。

尽くし過ぎる女性は要注意

一般に女性は、自分が求めるような手助けを彼にしてあげれば、彼がもっと関心を持ってくれるはずだと思いこんでいます。良い印象を持ってもらおうと、愚かにも、自分ならこうしてほしいと思うような応対を彼にしてしまいます。彼の配慮に対しては、おおげさに興味を示すことで、一生懸命に応えます。思いやりには、いき過ぎた思いやりで応えるのです。そして、何か手を貸してもらったら、ただニッコリしてお礼を言えばいいのに、すぐにお返しをしたがります。

ほとんどの女性は気づいていませんが、男性からのアプローチを受け入れ、彼の努力に感謝した後は、もう彼に対して何の借りもないのです。というのは、彼がもっとも欲しいもの、すなわち、彼女を知り、喜んでもらい、つながりができる、そうしたチャンスをすでに与えているからです。

女性は、彼にとって特別な存在であるということを忘れてはなりません。その彼女と一緒にいられる機会を持つ、それが男性の喜びなのです。女性がこうしたことを心がけておかない限り、男性に興味を深めてもらうのは難しいでしょう。

「彼女を幸福にしてあげられる。そうなれば本当にうれしい」

女性に心ひかれた男性は、こういう期待で胸を躍らせます。こうして、彼は自分のいちばん良いところを発揮するのです。前途にさらに期待が持てる。これは彼の関心を持続させるうえでとても大切なことです。彼が満足しきってしまったら、その時はもう彼女を追い求めて歩むべき隔たりがないということになります。

二人の間の「距離感」は愛を強めるだけでなく、男性が彼女を追い求める動機にもなるのです。発展につながる動きやチャンスがなければ、男性は女性に関心を失ってしまい、二人の関係はそれまでになってしまう恐れもあります。

> 二人の間の「距離感」は愛を強めるだけでなく、男性が女性を追い求める動機にもなるのです。

女性のこんな〝気遣い〟はかえってマイナスです

女性が受け手であり続ければ、男性の女性にひかれる気持ちは強まります。なのに、そうはせず、常にお返しをしようとして、自分の魅力を蹴散らしてしまうことがよくあります。男性を理解していない女性が犯しやすい間違いです。

男性が女性を特別なデートに誘った場合に、とくにこの傾向が目立ちます。彼が迎えに行くと、そこには美しくドレスアップした彼女が。とてもすてきです。気づいてほめる彼。喜ぶ彼女。

彼は彼女をエスコートして車の助手席側に行き、ドアを開けて彼女をなかへ。席へ落ち着くのを待ってから、ドアを閉める彼。ニッコリしてお礼を言う彼女。彼は運転席側にまわって乗り込もうとします。

その時、彼女は？　手を伸ばして運転席側のドアを開けてあげるべきでしょうか。

相手をひきつける力、そして男性が彼女を追い求めるのに欠かせない距離感――こうした心の力学を理解していない女性の場合、面倒でも手を伸ばして、ドアを開けてしまいがちです。

礼儀にかなった、愛情ある行為に見えますが、そうではありません。これでは尽くし過ぎになり、彼女自身をおとしめることになります。

そのうえ、お互いに期待とロマンスを胸に抱きながら、盛り上がることができなくなってしまいます。

女性が彼を喜ばせることに熱心になり過ぎると、彼が彼女を追い求めるのに欠かせない「距離感」がなくなってしまいます。


確かに、ロック解除のボタンが助手席側にあるのなら、それを押してあげることも悪くないでしょう。

しかし、体をひねって思いきり手を伸ばすのは、それも完璧にドレスアップしている時ならなおさら、上品でもなければ見られた姿でもありません。

彼女が手を伸ばしてドアを開けるのなら、はじめに彼がわざわざ助手席側までエスコートしたりしたのは、いったい何のためだったのでしょう?

彼はジェントルマンとして、立派なふるまいをしようとしているのです。彼女はその行為を素直に喜んであげるべきです。優雅に彼の好意を受けて、彼がしてくれるままに楽しみましょう。

女がむなしさを感じる時

男性の考え方、感じ方が理解できていない女性は、つきあい始めの段階で与え過ぎる傾向があります。男性は女性を幸福にする機会を熱望しています。幸せにできれば満足なのです。彼女の幸せが僕の幸せ、というわけです。

けれど女性は、こうはいきません。女性は本来、男性を幸福にさせても、自分は満たされません。二人の関係において、自らの要求がかなえられていると実感できた時にはじめて、彼女は惜しげもなく、喜んで愛を与えられます。唯一自分の要求が満たされた場合にのみ、彼の幸せが彼女の幸せとなるのです。

男性は自分に自信がある時に、もっと女性を喜ばせてあげたいと思います。人生が順調であればあるほど、それを分かち合う女性を熱心に求めるようになります。自信が高まっても、分かち合う人がいなければ、むなしさを覚え始めるのです。

何かが足りないのです。その何かは、ひとりの女性を満足させる、あるいは幸福にすることで満たされます。

女性は、男性を喜ばせる義務を感じる必要はまったくありません。彼に満足してもらうには、彼女を喜ばせる機会をあげるのがいちばんです。

女性が自立心や独立心を覚えると、人に関心を持つことよりも、自分に関心を持ってくれる誰かが必要だと切望します。

女性がむなしさを覚え、男性との交際を熱望するのは、すでに他者に尽くして疲れ果ててしまっている時です。彼女にとってロマンスとは、肩の力を抜いて、自身の希望を他の人に担ってもらうチャンスなのです。

むなしさを感じている女性は、受け取る側になりたい、と思います。むなしさを感じつつ与え続け、何も報われなければ、彼女はとても不幸になるでしょう。男性からニッコリしてありがとうと言われる。それだけのために尽くしたわけではないのです。

一方、男性は女性の希望をうまくかなえてあげられれば、彼女がニッコリしてありがとうと言ってくれるだけで十分だと思えます。けっしてむなしくなどはなりません。

「女が追えば、男が去る」の法則

女性が尽くし過ぎる傾向には、男性を理解していないということ以外に、もう一つ理由があります。それは、女性は男性についてあれこれと心に描いて想像するため、急に気が大きくなってしまうことがあるのです。

「この人こそ、私が夢見た男性なんだわ。私のパートナーとなるべき人。私にとって完璧な人なのよ」

まるで魔法にかかったようです。こののぼせ上がった状態で、彼女はまるで望み得るものがすべてかなえられてしまっているかのような態度で、彼に応じるのです。彼のすることなら何でも好意的に反応し、受け入れます。確かに、心がときめいていると、いちばんすてきな女らしいところが引き出され、彼女はとても魅力的になります。でも、これでは男心をつなぎとめておけなくなる恐れがあるのです。

女性は恋に落ちると、まるで望み得るものがすべてかなえられてしまったかのように感じる時があります。

彼がいてくれるだけであまりにも満足してしまっている女性は、こう考え始めます。「彼はすばらしい人。彼にふさわしい女性になるために、できることは何かしら？　どうすればこの愛を受ける資格が得られるの？　彼のために何をすべきかしら？　どうすれば、確実に好きになってもらえるの？　彼にいちばん魅力を感じてもらえる方法は？」

こうした考えが行動に結びつくのです。彼女が彼を追い求めるようになると、彼の彼女への関心は薄れていきます。

賢明な女性なら、恋に落ちても、こうした事態を招くことはありません。理想のパートナーと、お互いに相手を特定してつきあっているように感じるとしても、実はそうではありません。そして、彼が理想の男性である可能性があるとはいっても、まだそうと決まったわけではありません。彼女たちは、こうしたことをきちんと肝に銘じているのです。

なぜ"はずれくじのような男"にひかれてしまうのか

また女性は、出会ったばかりの男性にいきなり四つのレベルすべてにおいてひかれてしまうことがあります。

とくに、肉体面においてたちまち相手にのめり込んでしまうのです。これは、等身大の彼にではなく、自分でつくった彼の幻影に魅惑されているという明らかなサイン。このような場合には、相手の見極め方をもっと学ばなくてはなりません。

肉体的な魅力を強く感じた時は、この人こそ理想の男性だとさっさときめつけてはいけません。もっとも、すぐさま心に火がついたわけですから、理想の相手である可能性はあります。

でも、相手のことをまだよく知らないということは確かなのです。彼はきっとこんな人だ、という思いこみに魅せられているのは間違いありません。

仮に、ふさわしくない男性に憧れたことのある女性が、男性ばかり三十人いる部屋に入ったとします。そのうちのひとりに対してガスバーナーのように心が燃え上がったら、その場を離れるべきです。

仮にその男性とつきあうことに決めた場合は、細心の注意が必要です。彼のことをよく知ったうえで親密な関係に入るようにしましょう。

このような現象を考えると、なぜ次のような訴えが多いのか納得がいきます。

「会ったばかりの男性に猛烈にひかれた時は、いつもはずれくじなんです。どうして、ふさわしくない人ばかりつかんでしまうのでしょうか？」

これは、シングルの女性がよくセラピストたちにこぼすことです。

こうした女性は、あまり魅力を感じないような男性とつきあってみて、やがて恋心が育つかどうか試してみるのがいいでしょう。

三十六歳で独身、キャリア・ウーマンのキャサリンは、これを聞いて目を丸くしました。というのも、これまで彼女は、自分の心をすぐに燃えさせてくれない男性など、相手にしてこなかったからです。

彼女にアプローチをかけてきた男性はたくさんいました。でも、会ったとたんに肉体的に感じるものがないと、彼女は目も向けませんでした。

こうしたことを理解したことで、彼女はなぜ自分がベスト・パートナーにめぐり会えないのかに、やっと気づいたのです。

男性は、仮に彼女がすぐに肉体的に興味を示してくれなくても、がっかりする必要はありません。女性はオーブンのようなものと覚えておきましょう。熱くなるまでに時間がかかるのです。

ベスト・パートナーを得た女性たちの話によれば、はじめは単なる友達だったのに、後で恋愛に発展したというケースがとても多いのです。その夫たちから見ても、肉体的な引力は眠っていただけで、ほとんどいつでも存在していたとのことです。

今は第一ステージなのだということを忘れてはなりません。彼は相手をあなたひとりに決めてもいませんし、結婚の約束を交わしていないのは言うまでもないことです。現在二人の関係はどのステージにあるのかを忘れずに、そのステージにふさわしい行動をとること。女性の場合、これはとても大切なこと。

自分たちがどのステージにいるかをしっかり把握していれば、バランス感覚あふれた物の見方がいつでもできるようになります。

3章

第二ステージ　心が揺れる

……この人で本当にいいの？　じっくりと見極める時、焦りは禁物です

相手が他の人よりも特別な存在になってくると、自然に第二ステージ「心が揺れる」へと進みます。相手を理解したい、そして一対一の関係になりたいと真剣に思い始めるこの時期、一転して気持ちに迷いが生じるのは、ごく普通のこと。地震のような動揺が起こる人もいれば、軽いためらい程度の人もいます。

この気持ちの揺れがかなり大きかったり、動揺のあらわれ方が突然な時は、相手がパートナーとして有望だという兆候である場合もあります。

実際に交際している相手がベスト・パートナーである可能性はありますが、第二ステージではおそらくわからないでしょう。というのも、相手が自分にふさわしいのかどうか、このステージでは、はっきりしないからです。「心が揺れる」ステージは避けては通れないということを知らないばかりに、心が定まらないのは相手が自分に合わないからに違いないと誤解してしまう。不幸にも、そういうシングルがたくさんい

ます。ふさわしい相手とカップルになっているのなら、楽園の門が開き、鐘が鳴るはず――彼らはそう考えているのです。

隣りの芝生が青く見えたら

心が揺れている間は、一時的に隣りの芝生が青く見えます。他の女性のほうが魅力的に見え始める男性もいることでしょう。男性は、理想の女性像、パートナー像を具体的にイメージしているものですが、このイメージは、まず正しいものではありません。彼の理想のパートナー像を夢に描いているに過ぎないのです。

彼がひとりの女性と実際に親しくなり、いい関係が築けていると思えるようになれば、理想像など影が薄くなり、現実の女性がそれに取って代わるようになります。

実際に女性を幸福にしたことのない男性は、相手の女性と夢のなかのパートナーを比較してしまいます。こう思って迷い始めるかもしれません。

「彼女のことは好きだ。でも僕の理想のタイプじゃない」

しかし、彼も現実の女性を知り、欲望、情愛、関心といった固い絆で結ばれていくにつれて、パートナーが理想像のようであってほしいとは思わなくなります。自ら心を開き、相手の女性との特別な結びつきを感じた時、呪縛が解けるのです。たとえふさわしい相手と交際していても、こうなるまでには時間がかかります。

女性の反応一つで男は自信を得もし失いもする

女性というものがわかっていない男性の場合、自分には相手を幸福にする力はない、と思いこむことがあります。実際にはその力があるかもしれないのに、女性の考え方、感じ方を誤解しているために、間違った結論を出してしまうのです。

たとえば、デートでドライブをして高級住宅街を通るとします。女性はこんなことを言うかもしれません。

「まあ、見て、すてきなお屋敷。広いお部屋がいくつもあって、絨毯《じゅうたん》もふかふかよ、きっと。いいわねぇ」

彼女は思ったことを言っているだけです。ところが男性はこんなふうに考えてしまいます。

「へぇ、贅沢好きなんだ。ずっと満足させてあげられるだろうか」

豪邸を一目見るだけでウキウキする女性だから、幸福にしてあげるには、それらをすべて用意しなければならない、と思いこんでしまうのです。そしてこの時、彼はこう思い始めます。

「彼女は追いかけてはいけない人なのかもしれない」

自分には彼女を幸福にする力がある。第二ステージで、男がこうした思いを繰り返し確かめ、実感するには、女性のためにちょっとしたことをしてあげなければなりません。彼女をちゃんと幸福にし、楽しませ、満足させる。そうした体験を通して、彼は彼女と結ばれるのです。彼女が何かしてあげても、彼の不安解消にはたいして役立ちません。大切なのは、彼がしてあげたことに対して、彼女がどう反応するかということなのです。

女性が何かしてあげても、男性の不安解消には役立ちません。
大切なのは、彼がしてくれたことに対して、
女性がどう反応するかなのです。

というわけで、昔からデートの時は、男性が与える役目をつとめてきたのです。相手の電話番号を聞いて電話をする。デートに誘う。デートの計画を立てる。車で迎えに行き、助手席のドアを開け、また閉める。地図を片手に運転する。チケットを買い、座席までエスコートする。責任を持ってパートナーにくつろぎと満足感を与える。そ

して、勘定は全部持つ。男性が与え、それを喜んで受けるのが女性の役目なのです。デートの際に男性がこうしたちょっとしたことをすれば、お互いがどういう影響を受けるか確かめることができ、自分が彼女を幸福にしてあげることをいかに望んでいるかもわかります。彼女のほうも、彼に手を貸してもらうのはどんな感じなのか、経験できるわけです。こうしてお互いに固い絆で結びつくのです。

二人の間に絆ができ、次の「相手をひとりに決める」ステージに入れば、女性もお金を払ったり、彼のために何かしてあげてもいいでしょう。ただし、ロマンチックなデートでは、彼が主として与える側に立ち、女性は受ける側に立つべきなのです。

あんなに自分に夢中だった彼が百八十度変わってしまった――

第二ステージに入ると、女性も不安になりますが、その心境は男性のものとはまた異なります。男性がこのままつきあい続けたいのかどうか迷う場合が多いのに対し、女性は、二人の関係がどの程度のものなのか、わからなくなります。

彼女はしばしば、パートナーが逃げ腰になっていることに気づきます。そして落ち着きを取り戻そうとして、女性は次のような過ちを犯してしまいます。すなわち、二人の関係について問いただし始めるか、でなければ、彼を口説き落とそうとするのです。これでは、彼は逃げ出してしまうか、自分こそ彼女にふさわしいのだという自信を失ってしまいます。

男性のことがわかっていない女性は、心の揺れる段階に来ると、往々にしてパニックに陥りやすいものです。何しろ、お互いにひかれ合う時期には、あんなに自分に夢中になってくれていた彼が、百八十度変わってしまうのですから。

このステージの意味が理解できていない場合、女性のなかで、さまざまな感情が湧き起こります。共通した反応をいくつか挙げてみましょう。

男性を追いかけまわすようになる女性の心理

- 私が何かいけないことをしたのかしら？
- 私以外に彼女がいるの？
- まだ私のこと好きかしら？
- また電話してくれるかしら？
- 今の私、間違っていない？
- 私に何か、至らないところがあるんじゃないかしら？
- 彼の注意、関心、愛情、そして欲望を取り戻すために、私にできることは何？

不幸にも、彼女を間違った方向に誘導する問いかけばかり。こうして、彼女は彼を追いかけまわすようになります。

男性が追いかけてくれなくなると、女性は、何が起きたのかはっきりさせたい、あるいは、その問題に関して何らかの行動に出たい、という猛烈な衝動に駆られるもの。

でも、我慢が肝心です。

> 男性が追いかけてくれなくなると、女性は、
> 何が起きたのかはっきりさせたい、という猛烈な衝動に駆られるもの。
> でも、我慢が肝心です。

心が揺れるステージは、女性にとって、これから得られる可能性のあるものについてではなく、今パートナーが与えてくれているものについて見つめ直す時期なのです。

彼からのアプローチに備えて心を開いて待ちましょう。でも、それよりも大切なのは、友人たちの力を借りて、充実した生活を送ることです。

今は、彼が本当に一対一でつきあうのにふさわしい相手かどうかを見極めるためのテスト期間なのです。

「遠ざかるほど思いが募る」という言葉がありますが、この時期は、これに当てはまります。男性が退いても、女性はおっとりと構えて、彼に距離をとらせてあげてください。「男性はゴムバンドのようなものだ」と覚えておきましょう。遠くへ行っても、後を追わなければ、跳ね返ってくるものなのです。何度か跳ね返った後で、彼は、「この女性こそ、僕がステディな、あるいは一対一の関係を求めていきたい相手なのだ」と確信するはずです。

いったん離れた後に、いっそう関心を持ってもらえるような余地を男性に与えることで、女性のほうも、彼がひとりに決めてつきあいたい相手なのかどうかがわかります。友人や家族に支えられて充実した生活を送っていても、なお彼が恋しいのなら、答えはイエス、ということでしょう。

しばらく彼から電話がない時は――

心が揺れている男性を女性が追い求めるのは、良くありません。そんなことをされると、彼は本当の心の揺れを徹底的に体験することができなくなり、二人の関係に賭けたいのか否かという自身の気持ちがわからなくなってしまうからです。

昔から、女性のほうから男性に電話をしてはいけないとされているのは、このため。

賢い女性は、相手が追いかけてくるのを待ちます。けれど女性が電話すべき時もあります。受け身で待つのは愚かです。ともかく、賢明な女性なら、男性に追いかけてもらう機会をつくり出せるはずです。

しばらく彼から電話がない時は、女性から電話をかけても構いませんが、彼にうるさくつきまとったり、かまってもらえない自らの心境を訴えたりしてはいけません。

その代わり、さりげなく、万事うまくいっていることを知らせましょう。ちょっと近況報告をしたり、何かしてもらったことにお礼を言ったり、また彼が詳しいことについて尋ねたりするだけでいいのです。

手短で気さくな、ご機嫌伺いの電話。これなら、彼が電話しなかったからといって、彼女が何も根に持っていないことが、きちんと伝わります。逆に絶対してはいけないのは、自分や二人の関係をどう思っているのか、彼に電話で問いただすことです。

「私や二人の関係についてどう思っているの？」と
彼に電話で問いただすことは、絶対にしてはいけません。

第二ステージになると、一時的にパートナーをなおざりにしてしまう男性がいます。二日、二週間、あるいは二カ月もの時が、あっという間に過ぎ去った後で、ようやく、自分がどれほど彼女が好きであるかを急に思い出すのです。電話しようかなと思っても、これほど長い間連絡しなかったのだから、文句を言われたり、「今さら何よ」と受けつけてもらえなかったりするだろうという想像が先に立ちます。そうして、結局電話はやめにして、また彼女を顧みない日々が続きます。

ここでもし、彼女から優しい電話がかかってきたならどうでしょう。何も問題はないのだ、と彼にもはっきりわかります。こうして、再び彼は彼女を追いかけることを考えられるようになるのです。

男性というものを理解していない女性は、パートナーが電話をくれないとすぐに、まったく勝手な男、ときめつけてしまいがちです。

ところが事実はまったく違います。男性が電話をしない理由はさまざまです。男性の考え方、感じ方をもっときちんと理解すれば、女性も相手の本能的な行動を見定めることができ、それを彼個人のせいにはしなくなります。男性が電話をしないわけ、そして男性を興ざめにしない電話のかけ方については、後でさらに詳しく研究していきます。

女性のこんな〝お返し〟は危険です

第一ステージで自分に夢中になってくれた男性が、このステージになって距離をとるようになると、女性は時として、性的な面でお返ししなければ、というプレッシャーを感じてしまいます。

それまでに、彼にはずいぶん多くを与えてもらっているのだから、その好意に報いる義務があると思うわけです。

また、性的な面で彼の欲求を満たしてあげれば、もう一度関心を持ってもらえるはずだと期待します。

しかし、まだ心構えもできていないのに自分を捧げてしまったら、二人の仲は台無しです。一歩進んだからといって必ず事態が良くなるとは限りません。

何の負担も感じずに、男性のアプローチを楽しんで受けられる――不安な時期をいちばんうまく過ごせるのは、こういう女性でしょう。追いかけられ、求愛されることに慣れていない女性ほど、強い義務感を覚えるかもしれません。ひどくお腹がすいているのに、食べ物を買うお金もない人は、当然、こう思うでしょう。

「この食べ物がもらえるなら、何でもあげよう」

同様に、愛され、慕われていると感じている女性が、こう思うのもまた当然のことです。

「このままずっと、愛され、慕ってもらえるなら、何でもあげるわ」

しかしこれは、危ない考え方です。

男性のロマンチックな誘いに対しては、温かく好意的に受け取り、応じることが、そのまま彼へのお返しであるということを、女性はわきまえておかなければなりません。この根本的な理解がすべてを決めるというのに、今時の女性はそれをまるで理解していません。

彼に十分お返ししていないと思っている女性は、もっと与えなければと義務感を抱く場合が多いのです。

パートナーがより深い関係になりたがっていることに気づいても、彼に求められていることを得意に思う程度にしておきましょう。義務感というプレッシャーを感じたり、時期尚早《しょうそう》なのに肉体面でより親密になることを許したりしては、デートの作法が台無しです。

引き続き彼に喜ばせてもらっていればいいのに、代わって自分が喜ばせようとしてしまう。これでは彼女の立場が悪くなり、彼が興味を失っても仕方ありません。

"シグナル"を読み違えたシャロンの場合

ここでシャロンの体験を見てみましょう。

「ケヴィンは最初、とてもすてきだったの。私の言うことだったら、何でも聞いてくれたわ。本当に紳士で。彼の話にいつも夢中になったわ。おもしろいし、笑わせてくれるの。それはすばらしいおつきあいだった。それが、ある日、情熱的な一夜を過ごしてから、何もかも、おしまいになってしまったの」

シャロンはとまどいました。二人は結婚する運命にある、彼こそ自分のベスト・パートナーなのだと思いこむ彼女に対し、ケヴィンはただ、「ひかれ合う」第一ステージにいる意識しかなかったのです。さらに彼はまだ、他の女性とも交際していました。

「とても傷ついたわ。もうやり直す気もないの。男にはこりごりよ」

しかし男性について学んでみると、彼女は自分がいかにシグナルを読み違えていたかに気づきました。彼がちやほやしてくれたのは、自分のことを特別な存在と思ってくれたからに違いないと思いこんでいたシャロン。でも実際は、知り合って数日の間柄に過ぎなかったのです。

いずれ彼とは「相手をひとりに決める」関係になるだろう、と彼女は思っていましたが、まだ「心が揺れる」ステージさえも体験していなかったのです。

私の「男と女の人間関係」セミナーを受講した後で、彼女は自身の愚かさを実感したと打ち明けてくれました。

「確かに彼は愛してると言ってくれたわ。でも、そのことには何の問題もないのよ。彼はただ、ずっとつきあっていくほどには愛していなかったということね。私が傷ついた本当の理由は、セックスをしてしまった後で彼にふられた、ということ。もしそこまで深い関係になっていなくて、キスしたり、抱き合ったりしていた程度なら、彼にふられても、こんなには傷つかないはずよ。何週間か、ただデートしただけなら、これ以上つきあいたくないと言われても、たいして傷つかなかったでしょうね」

ある点で、ケヴィンがあまりにもすばらしかったので、シャロンは彼が求めるものはすべて捧げなければと思い始めたのです。とにかく、彼は彼女が望むものを与えてくれていました。だから、彼女がお返しをするのは至極当然のように思えたわけです。でも、彼は本当に彼女の願いをすべてかなえてくれたのでしょうか。

「私は結婚したいの。私の望みをすべてかなえてくれる男性になら、彼が欲しがるものを何でもあげるわ。でも、結婚式を終えるまでは忘れちゃいけないのよね。まだ、結婚したわけじゃないってことを」

シャロンはまた、痛い思いをしたからといって、男性とつきあうのをあきらめる必要はないことにも気づきました。性的にどこまで深くつきあえばいいのか、今度はもっとよく見抜けることでしょう。肉体的な親密さ、即、セックスではないということを彼女は学びました。こうした親密さは、時を経てゆっくり深めていけばいいのです。

肉体的な親密さ、即、セックスではありません。

この結論に到達したシャロンは、ケヴィンとの関係を思いきることができました。被害者意識もなく、かえって洞察力がついたと感謝しました。今の彼女には、自分が今までいかに被害者意識を振りかざしていたかが、よくわかります。彼女はケヴィンを許し、その幸福を祈りました。こうして元気を取り戻したシャロンは、新たなアプローチで次のデートに臨めるようになったのです。

彼女は男性を求めはしても、親密な仲になるのを急ぐ必要は感じませんでした。男性との交際をあきらめるのではなく、義務感を抱くのをやめたのです。そして、ふさわしい相手があらわれるまで、さんざん恋愛ごっこやデートを楽しみました。でも、最後の一線だけは越えないようにしました。最終的には幸せな結婚をしたのですが、肉体的に完全に親密になる心構えができるのを待つことができたおかげなのです。

「男性に変な期待をされたら困る」と思っていませんか

男性のアプローチに応える義務があると感じてしまうと、女性は彼を受け入れることができなくなってしまいます。とくに若い女性は、セックスすることを義務と思いたくないため、デートで男性に奢ってもらってはいけないというプレッシャーを感じます。彼女たちいわく、「彼が期待をふくらませたりしたら大変」というわけです。

女性は相手の性的欲求に気づくと、変な期待をされたら困る、と思います。ところが、こうした態度が問題を生みます。彼女にまったく受け入れてもらえない、と男性が思いこむと、彼女に関心をなくしてしまうのです。

また、女性が、男性の愛情を求めているもうひとりの自分を否定してしまうと、自分や相手の魅力を見出すのが難しくなります。

男性からどんなにうれしいプレゼントをもらっても、ニッコリするか、お礼を言えば、けっしてそれ以上のことをする必要はありません。概して女性は、男性が「あわよくば」と希望を抱いているだけなのに、彼から肉体的に深い関係を求められているものと勘違いしています。

たいていの男性は、女性が肉体的に親密になってくれることを「期待している」わけではありません。ただ、チャンスが来ればと「思っている」だけなのです。「さて、夕飯を奢ったんだから、セックスしてくれるはずだ」などと思ったりはしません。それでもなお、彼に変な気を起こしてほしくないからと、頑として食事をごちそうにならない女性もいます。

これは彼ばかりではなく、自分自身をも侮辱していることになります。彼が、お金で彼女の身体を買おうとしていると思うなんて。それではいったい、彼女はどういうつもりで彼とデートしているのでしょうか。

セックスは恋愛関係の〝特効薬〟にはなりません

男性の、肉体的に親密になりたいという願いは無垢なもの。女性が、男性の強い関心や情熱に支配されたいと思うのと同じくらい、純な気持ちなのです。

ただし、たいていの男性が幸運を待ち望むだけとはいえ、それを当然のことと思う輩《やから》も、いることはいます。彼らがセックスしてきた相手は、今、このひと時が楽しければいいという女性たち。そこで、この男たちはすべての女性がそうなのだと思いこんでしまいます。

テレビでも、映画でも、雑誌でもそうなのだから、女性という女性はみんな、男性と同じくらい気軽にセックスするはずだ、と決めてかかっているのです。二人の仲をうまく運ぶのに必要なことは何かが理解できていない場合、とりあえずセックスすることは、悩み多き恋愛関係の特効薬のように思えます。これは、でたらめもいいところでしょう。

ゆっくりと関係を進め、デートの五つのステージを体験することの賢明さをよくわきまえていれば、男女とも、デートのプロセスをさらに楽しみ、いずれは真の愛を見出せるようになります。

誰とでも寝るような女性とばかりつきあってきた男性が、慎重に交際したがる女性と出会ったとしたら、当然、少しばかり愚痴をこぼすでしょう。でも二人の間に肉体面以外で引き合うものがあれば、彼はパートナーの希望を尊重し、慎重につきあうはずです。

セックスがらみの要求には、まだその気になれないのであれば、あくまでも礼儀正しく、かつきっぱりと、ダメと言えばいいのです。これを聞き入れてくれる彼なら、大切にするべきです。

それができずにいつまでもイライラしているような彼なら、まだ真面目なおつきあいをするのは無理。交際を断ったほうが、お互いのためです。

男性からセックスを求められても、まだその気になれないのなら、あくまでも礼儀正しく、かつきっぱりと断りましょう。

〝その時〟の上手な「ノー」の言い方

レイチェルは、ノーと言うのにいささかもためらいませんでした。結婚するまでは、一線は越えないでいると決めていたからです。交際のある時点で、それ以上肉体的に親密になることに対してプレッシャーを感じ始めた彼女は、率直にこう言いました。

「ねえ、ちょっとわかってほしいんだけど。私、結婚するまでは守るつもりよ。キスもタッチもオーケーだけど、それ以上はダメですからね」

自分の許せる範囲を宣言することで、彼女は思いきり打ち解けられるのです。さらに、彼との仲が感情的、精神的に親密の度を増すにつれて、肉体的にももっと親密になることにこだわりを感じなくなります。

アンドリアのアプローチはまた違います。キスの温もりが冷めやらぬうちに、はっきり言うのです。

「これ以上は進みたくないわ。まだその気にならないの。もっと時間がいるのよ」

やがて時が経つと、「もう少し進んでもいいわ」と教えてあげます。

気さくな調子で、さっさと話すのがキャシーのやり方。

「ダメ、それはしたくないわ。その気にならない。キスだけで十分なのよ」

とにかく、はっきり、きっぱり言うのがベスト。あいまいなのは効果なしです。

「わからない。たぶん待ったほうがいいわ」

こう言われると、多くの男性は、「アプローチを続けて」と誘われているように受け取ります。そしてはっきりノーと言われるまで、アプローチを続けることでしょう。

男性が、女性の許せる範囲を尊重してあげなければならないように、女性は、自分がどういうメッセージを発しているのかに配慮する必要があります。

男性に触れられている時に、ノーと言うつもりで彼の手を払いのけても「まだよ。そのうちにね」というサインに誤解されることが多いものです。

もし、「今夜はもうやめて」と言いたいのなら、言葉でそう言わなければダメ。はじめのノーが聞き入れられなかったら、すぐに立ち上がって、その場を離れましょう。

自分が許せる範囲を決めていることは、丁重かつ明快に説明できるはずです。さっさと立ち上がって、こう言いましょう。

「あなたのことは本当に好き。でもこれ以上はダメなの」

どこまで二人の仲を深めるか〝境界線〟の引き方がわからない時――

ノーの言い方をきちんとわきまえていない。また、どこまで性的に深い関係になる覚悟があるのか、境界線の引き方がよくわからない。このような場合、ノーを言う必要もない相手と出会うまで、デートなどわざわざする気になれないかもしれません。

なぜなら、こうした女性は、ミスター・パーフェクトを待っているからです。会ったとたんに、「彼こそ私にふさわしい」と思える人があらわれるまで、デートを断り、恋愛ごっこもしないことに決めているのです。

マリーがこうした気持ちを打ち明けてくれました。

「別れる時にいちばんうんざりするのは、ああ、これでまた別の男の前で脱がなければならないのか、ってことよ」

これはジョークですが、彼女はとっくに異性関係を絶っていました。マリーは男性のアプローチに対して、イエスかノーで答えるのが嫌でした。そこで、自分からその気になれる機会を待ち続けることにしたのです。

「合わない相手とは、関わりたくないだけ。今後はふさわしいとわかっている相手じゃないと、デートしないつもりよ」

まったく非現実的な期待です。こういう心構えでは、一生待ち続けてもシングルのままでしょう。パートナーが自分にふさわしいかどうかは、第四ステージで親密な関係になってからやっとわかることです。

あらかじめわからなければダメというのは、あまりにも現実が見えていません。

第二ステージで、相手がふさわしいかどうかで迷うのは、至極もっともなことなのです。

「心が揺れる」ステージでは、他の交際に走らないように注意していれば、男女とも、ある時点で、相手をひとりに決めたつきあいにすんなり移っていけるはずです。

お互いにもっと理解したいという思いが強まるか、あるいはそうでないか。

どうもよくわからないという場合でも、つきあい続けたいという気持ちが少しでもあるのなら、そして確かめるために自分を磨きたいと思うのなら、第三ステージに進んで、一対一でつきあうべきでしょう。

4章

第三ステージ　相手をひとりに決める

……〝本命の人〟に気持ちを集中、他のロマンスはひとまずお預けです

デートの相手を「この人こそ……」と感じられるようになった、あるいは、ただ相手のことをもっと深く知りたいと思い、この関係に賭けてみたくなった――そんな時が来たら、「相手をひとりに決める」第三ステージに進んでみましょう。

このステージでは、本命の相手だけを見つめ、けっして浮気などしないと約束したうえで、おつきあいをすることになります。

自分の心を開き、相手を心から愛せるよう、基礎づくりをするのが、第三ステージです。

今までは単に、自分の欲しいものが得られるかもしれないと一喜一憂し、お互いが交際したいのかどうかを見るだけのテスト期間でした。それが今まさに、相手にふんだんに与え、その見返りに自分の欲しいものをもらえるチャンスが到来したのです。

ところが、このステージにいるカップルのほとんどが、お互いのいちばん魅力的な

ところを知るせっかくの機会を、知らず知らずのうちにふいにしています。相手をひとりに絞ったとたんに気が緩み、相手に良い印象を持ってもらえるよう努力するのをやめてしまうのです。これは、とんでもないことです。

第一、第二ステージを無事クリアできたのは、こまやかな愛情表現を絶えず行なってきたからです。第三ステージでも同じです。こうした努力を忘れてはいけません。

恋人同士になると、あまりにも居心地がいいため、互いの存在を当たり前のように扱い始めるカップルがよくいます。

男は彼女をすでにものにした気分でいるので、もう彼女を追い求めなくなり、女はもうステディになった気分でいるので、さらに多くを期待しがちになります。これが問題の火種となりますが、すべて前もって避けることができます。

男はこんなふうに変わるのが常

愛情表現を絶やさないことがどれほど大切か理解できていない男性は、いつのまにか何もしなくなってしまいます。でも、彼が最初とても魅力的に見えたのは、まさにこういった表現をしていたからなのです。ここで、男の変わりようをいくつか見てみましょう。

なぜ彼はデートの計画を立ててくれなくなったのか

ジョニーも、つきあい始めのころはデートの計画を前もって立てていました。先を見越して下調べをし、アイデアが浮かぶと、ガールフレンドのヴァネッサに自分のプランを持ちかけていました。彼女は、たいてい彼のアイデアには大賛成で、二人は楽しいデートを幾度も重ねてきました。

ところが、二人が一対一で正式につきあうようになったとたん、すべてが変わってしまいました。ジョニーがデートの計画を前もって立てるのをやめてしまったのです。彼は金曜日にならないと、ヴァネッサに何がしたいのかと聞かなくなりました。計画を練るだけの時間が足りないため、ビデオを借りて観るとかポップコーンづくりといった、前より手軽なことですませるようになりました。

これ自体は何も問題ではありませんし、すべてのデートが特別なものである必要もありません。バラエティーに富んでいるのは、結構なことです。しばらくは、ジョニーもヴァネッサも家のなかで楽しいひと時を過ごしていました。

でも、こうしたことが続くと、お互いにだんだん興味が薄れていくようになりました。私の「男と女の人間関係」セミナーを受講して、ジョニーは目が開かれる思いでした。言われてみれば、自分はこのところデートの計画を立てていない、と。

「女性は男性にデートの計画を立ててもらうのが好きだ」ということを、私の講座で教わるまで彼は知らなかったのです。

「女性は計画性のある男を愛する」というのに、ジョニーには計画性がなくなり、自分が変わったことにさえ気づいていませんでした。

彼が計画を立てるのをやめたのは、つきあい始めたころにはあった、計画を立てるだけの理由と動機がなくなったからです。

つまり、早くからデートの計画を練っていたのは、デートの相手を確実につかまえたかったからなのです。ヴァネッサの週末の予定が詰まってしまうと困るので、前もって彼女に合わせて計画を立てていたわけです。でも、二人が恋人同士になってしまえば、当然、彼女は彼のために週末を空けておくようになります。そこで、彼には事前に計画を練る理由がなくなってしまったのです。

ジョニーは前もって計画を立てるようになりました。早めに計画を立てておけば、ヴァネッサは尽くされていると感じ、自分を特別な存在だと思えるようになる。そればかりか、一週間、デートのことを思い、楽しみに待つことができるというのです。

こうしたことが女性にとっていかに大切か、ほとんどの男性はわかっていません。女性は、先を考え、準備し、用意をすませ、そのことを友人たちとおしゃべりするのが好きなのです。女性について学んだおかげで、ジョニーは再び、「計画を前もって

がえりました」

「僕が少し意識して彼女を気遣うようになっただけで、二人の関係が生き生きとよみがえりました」

練らなくては」と思うようになりました。彼いわく、

なぜ彼はしゃべらなくなったのか

何回目かのデートまでは、ボブはとてもおしゃべりでした。話題は、自分の仕事、人生の目標、価値観、両親、兄弟姉妹、思い出、スポーツ、日常の体験、ニュースを見た感想などなど。現在の体験を話していて、そう言えばこんなこともあったと、昔のことまでサラに話してくれていました。

彼は理想的なパートナーでした。物事に対する自分の考え方や感じ方を打ち明けてくれる男性は、女性の好みにピッタリなのです。二人はおしゃべりを存分に楽しみました。

サラのほうは、第三ステージに入ってもこの楽しさはずっと続く、いえもっと話のはずむ仲になれるかも、と期待していました。ところが、蓋を開けてみると、その逆でした。ボブの口数が急に少なくなってしまったのです。

「きっと、仕事で何かトラブルを抱えていて大変なんだわ」

はじめ、サラはこう思いました。でも結局、こう結論づけるに至りました。

「もう、私に対して興味がなくなってしまったのね」

しかし、男がつきあい始めのころ、やたらにしゃべるのは、ある意味で就職試験の面接と同じなのです。

デートの相手に対して、自分の考えや気持ち、価値観を語り、自分が何者であるか、履歴書を渡す代わりに口頭で述べているわけです。

そこで、いったん職を得たり、特別な関係になると、もうしゃべり続ける理由がなくなるため、態度が変わってしまうのです。

つまり、しゃべっていたのは目的を達成するためなのです。そうして互いを知ってはじめて、ともに過ごし、ともに何かをできるようになるわけです。

ではなぜ一般に、三回目のデートで男性はいちばん饒舌《じょうぜつ》になるのか。それは、相手をひとりに絞るかどうかを決めるのが、だいたい三回目のデートの後だからです。これは野球と同じ。ストライクは三つまでです。普通、ツーストライクになったら、打って塁に出るか、三振でアウトになるかしかありません。

火星では、しゃべること自体に目的はありません。男は通常、互いに電話をかけ合って、「昼飯でも食いながら、話をしよう」などと言ったりしません。仮にそうしたことをする時は、緊急に話さなくてはならない特別な事情があるのです。男なら、話があるからと昼食に誘われたら、こう聞くでしょう。

「いったい、どうしたんだ？」「話したいことって何なんだ？」

一方、互いに電話をかけ合って、こう言うのが女性というもの。

「お昼を食べに行かない？」

女性には話をするのに特別な理由などいりません。話し合うような特定の話題や、緊急に解決しなくてはならない問題もありません。だから、わざわざ聞くことさえしません。お昼を一緒に食べること、イコール、あれこれおしゃべりすることなのです。

多くの男性と同様に、ボブが話をしなくなったのは、話す理由がなくなったからです。自己紹介は十分にすませたし、仕事もすでに決まっていたからです。

でも、彼は第三ステージでも、彼女の心を和ませるいろいろなことをし続ける必要があったのです。初期のデートでおしゃべりしたように、その後もおしゃべりを欠かしてはなりません。これは、とても大事なことの一つなのです。

彼が手を貸してくれなくなった

マリアはこうこぼしています。

「恋人になったとたん、ホセが何も手伝ってくれなくなったんです。彼ったら、いつも私のアパートに来て、私が夕飯の支度をしている間中、テレビを見てるんです。つきあい始めたころは、いつだって手伝ってくれたのに。もう、信じられません。私のこと、召使みたいに扱うようになったんです。彼のためなら、私が何でもするものと期待しているんです」

相手をひとりに決めるまでのホセは、マリアのために何か手を貸してあげられることこそ自分の喜びであることを、彼女に知らせたいと思っていました。

そんな自分の気持ちを彼女にきちんとわかってもらいたくて、洗車や、かばん持ち、車の送迎、夕飯の支度、部屋の修理全般など、手伝いを買って出ていたのです。でも、今は、何もしなくなりました。

マリアは、彼の今までの好意に対してお返しをするよう期待されているのだと誤解し、彼の手伝いをするようになりました。とりあえずは、彼女もそれで満足でした。女性は常に、自分が受けたと思えるものに対してお返しをすることに喜びを感じるものなのです。

ところが、しばらくすると、彼女はいらだちを覚えるようになりました。彼のためにいろいろしてあげているのに、彼が何もしてくれないからです。彼はとっくに手伝うのをやめてしまっていたのです。

マリアは、なぜホセがこうなったのか、本当の理由を理解していませんでした。

一方、彼は、自分がいつでも喜んで彼女の力になることを、すでに彼女がわかってくれているものと思いこんでいました。

二人がずっと親しくなった今、彼女が助けを必要とする時は、きちんとそう言うはずだ、と彼は勝手に決めてかかっていたのです。彼女が何も頼んでこない限りは、自分は十分に与えているし、彼女もそれ以上は望んでいない、と解釈していただけなのです。

女性がもっとも愛され、支えられていると感じるのは、男性から何か手伝ってもらえる時なのです。第三ステージでも、男性はこうしたことを忘れてはなりません。

男性が彼女の欲求を察して、手を貸そうと申し出てくれた時、女性は何よりもロマンチックな気分に浸れるのです。たとえ彼女がその時は助けを必要としていなくても、彼が手伝おうかと言ってくれるだけで支えを感じるものなのです。

男性が彼女の欲求を察して、手を貸そうと申し出てくれた時、
女性は何よりもロマンチックな気分に浸れるのです。

賢い男はサポートの手を緩めたりしませんし、賢い女は常にサポートを求めます。
どんなに理想的な彼でも、別の生物であることには変わりありません。ですから、い

くら彼女を心から愛していても、彼女が実際に何を求めているのか、いつ助けを申し出ればいいのか、本能的に心得がありません。その気は十分にあっても、何をいつ申し出ればいいのか、わからないだけなのです。

もっと自然に「手助け」を求めてもいい

第三ステージにおいての女性の最重要課題は、助けを求めるテクニックを習得することです。

「女性は望まれるものであって、自ら望んではいけません」

これまで女性はこう教えられてきました。ですから、自ら男性に何かを求めるというのは女性には大変なことです。そこで第三ステージで女性が犯す最大の過ちは、頼まなくても男性が何とかしてくれるはず、と思いこんでしまうことです。

このステージでは、こうした制約を打破しなくてはいけません。自分の欲望をおもてにあらわしたほうが、実際にはずっと魅力的に見えるのです。

女性は、自分の欲しいものが彼にきちんとわかってもらえた時、その魅力がさらにアップするものです。そして男性も、彼女の希望をかなえることができると、自信が湧いてきます。彼の手が本当にかゆいところに届くまで、ただ黙って待っていてはいけません。そんなことをしたら、一生待ち続けることになってしまいます。

助けを求めるタイミングとしては、彼が何もしてくれなくなった時がいちばんです。簡単なことですが、これが結構、女性の頭を混乱させるようです。というのも、こんな時こそ、頼みごとをするのに最悪のタイミングだと彼女たちは誤解しているからです。男にしてみれば、ただ、頼まれるのを待っているだけで、いつでも手を貸す気はあるのです。

なのに、女性はそのことに気づきません。手伝ってほしいと頼む代わりに、黙って自分で処理してしまうか、自分の欲求を先延ばしにしてしまいます。犠牲的精神は人間関係にはつきものですが、女性はその傾向が強過ぎます。

男性が期待どおりのことをしてくれないのはなぜか。それは、何をすべきかわからない、もしくは、こうしたことが女性にとってどれほど大切か気づいていないからであって、関心の度合いとはほとんど関係ありません。

女性はもっと心を開いて、手を貸してもらえるよう頼んでみましょう。第三ステージは、そのためにちょうどいい時期なのです。

また、この時期にサポートを求めることは、ある意味で、男性へのいちばんの支えにもなります。男性がちょっとした愛情を示す努力をしただけで、女性が自分は特別な存在なんだと安心するように、女性がちょっとしたことを頼むだけで、男性には励みになり、彼女のニーズに応えてくれるようになります。

見返りを気にして「犠牲」になってはダメ

しばらくの間は女性も、二人の関係を築くために犠牲を払い、より多くを与えることに喜びさえ感じます。女性同士では、これは愛情表現であり、サポートを頼みたい時の一つの手でもあります。

また、女性がより多くを与える時は、当然もらうべきものをもらっていないという明確なサインでもあります。相手が女性なら、すぐに気がついて、何が何でも手伝ってくれるでしょう。女の目から見れば、女性が必死な形相でよたよたと箱を運んでいたら、それは明らかに助けを求めている証拠なのです。

ところが男性相手となると、いつもこううまくはいきません。男性も、第一、第二ステージなら、自分が助けになることを彼女に伝えたいがために、手を貸してくれますが、第三ステージともなると、「助けが欲しいなら、そう言うはずだ」と決めてかかってしまいます。

女性がどんなに多くを与えても、面と向かって頼まない限り、男性には正しく解釈してもらえません。「彼女には僕の助けはいらない」もしくは「僕はもう十分に与えている」と受け取られるのが落ちです。

女性から何も頼まれなければ、男性は
彼女が今のままで十分に満足しているのだと決め込みます。

男性の考え方が女性とは違うことを理解しておかないと、女性は、男性に延々と与え続けることになり、ついには腹立ちを覚えるようになります。腹が立ってくると、「もっと多くを求めてもいいはずだ」という思いが湧き起こってきます。やがて、実際に求める時には、怒りが爆発しているため、押しつけがましい口調になってしまうか、お願いする前に文句を言うことになってしまいます。

男は女のこんな「愚痴やイライラ」には耐えられない

こうなってしまうと、男性は女性の要求に抵抗を示します。もっとも、この抵抗も誤って解釈されてしまいます。彼は、手を貸すことに抵抗を感じているのではありません。彼女のイライラした態度に抵抗しているのです。女性が彼のマイナス面をあげつらねて文句を言うため、反感を買ってしまうのです。女性にとっては、ただ自分の思いをぶちまけているだけなのですが、男性は自分が不当に責められていると受け取ります。

彼から見れば、与え方が足りないと批判され、非協力的だと言いがかりをつけられているように感じるのです。彼は今までずっと喜んで彼女に手を貸してきたわけですから、こうした彼女の気持ちには合点がいきません。自分が十分に尽くしてきたことは、彼女の態度を見ても明らかなはずでした。ところが、彼が二人の関係を育てるためにしてきたことについて、彼女は感謝もせず、彼を責め立てるのです。

サポートを求める時期として、第三ステージがうってつけであることに女性が気づけば、このような予測可能なもめごとや喧嘩はすべて防げるはずです。この時期こそ、女性にとっていちばん交渉がうまくいく時なのです。というのも、実は第三ステージにいる男性がもっとも女性の要求に寛大だからです。

仮に女性がサポートを頼むのをずっと我慢していて、後のステージでやっと頼んだ場合、男性は、自分が十分なことをしてこなかったために、女性がもっとしてほしいと望んでいる、と受け取ります。これは、男にとって愉快なことではありません。男は女性の前では白馬の王子でいたいのです。ですから、いっそうの努力をすることはいっこうに構いません。実際、女性がサポートを求める時、束縛も期待も義務感も抱かせないような態度を心がければ、彼はずっと快くイエスと答えてくれるものです。

男が彼女に関心を寄せている場合は、たとえ気の進まないことであっても、そうすることによって彼女を幸せにできるとはっきりわかれば、喜んで腰をあげてくれます。でも、「こうしてくれてもいいはずなのに」といった愚痴や怒りのこもった言葉には反感を抱きます。彼が今まで与えてきたことに対して、正当な評価や感謝が得られるまでは、それ以上のことはしてくれません。

マイナス感情をうまく吐き出すテクニック

「親密な関係になる」第四ステージに入れば、マイナス感情を吐き出しても構いません。しかし、そこへ行く前に女性はまず、愚痴っぽくならずに自分の欲しいものを要求し、手に入れることが可能であることを知っておかなければなりません。

そのためには、男性がいつでも喜んで手を貸してくれることを、実際に何度も体験する必要があります。これが体得できれば、第四ステージでさらに心を開いた時も、マイナス感情をあらわさずに、自分の要求を男性にかなえてもらえるようになります。

それよりも、心が開いていると、さらに親密度が増し、リラックスできるようになります。

女性は、愚かにも、ものを頼む前に自分のマイナス感情にばかり気をとられてしまうため、彼をうんざりさせてしまうことがよくあります。女性の世界では、解決法を探る前に、その問題に関する自分たちの感情を話し合い、分かち合うのが当たり前なのです。こうしたアプローチの仕方は女友達には「効果あり」でも、男性には通用し

不適切な言葉

「私たち、どこにも行ってないわね」

「私たち、楽しいことしてないわね」

「いつも町をぶらぶらするばかりで飽きちゃったわ」

適切な言葉

「来週、コンサートに連れて行ってくれる？」

「今週は何か楽しいことでもしましょうよ。山にピクニックに行ってみない？」

「今週は海辺に行くというのはどう？」

ません。ここで例をあげてみましょう。

前向きな姿勢で欲しいものをおねだりできるようになれば、彼と上手につきあって

いくうえで欠かせない、大事なテクニックにいずれ磨きがかかることでしょう。

「世話焼き女房」面をしていませんか？

女性は、つきあっていくうちに彼がどう変わったかについては目ざとく見つけて、そのことをよく口にします。が、自分の変わりようにはそれほど気づいていません。でも、女性も変わるのです。

女性は、二人が特別な関係になれば、当然、彼がもっと多くのことをしてくれるはずだと思いこみます。女性の期待はどんどんふくれ上がっていくものなのです。女性はこの期待を先取りして、彼のためにさらに多くのことをしたいと思うようになります。こうしたことは一見とてもいいことのようですが、そうではありません。

女性は、自分のほうがより多くを与えていると感じると、彼がちょっとしたことをしてくれても、心をときめかせたり、感謝したりしなくなってしまいます。

感謝の気持ちが増すどころか、相手を空気のようにあしらいます。自分がどれほど支えられているか、喜ぶこともしません。代わりに、お互いの貸し借りは同じでなければならないと責任感を抱き始めます。

「彼は今まで私のためにいろいろなことをしてくれた。だから、私も彼のために何かしなくてはならない」と思うのです。ひたすら彼のためにこまごまとしたことをしてあげ、世話を焼き、自分のスケジュールを空け、デートの計画を立て、予約をとり、気を遣い、じっと待ち、彼を喜ばせようとします。女性がこれらのことに手を出し始めると、男も悪い気はしません。

でも、女性は気づいていませんが、これでは先手を打って彼をやっつけているのと同じなのです。

彼に与えるのも結構ですが、肝心なのは受けることです。女性が第三ステージをうまくクリアする秘訣は、ずっと受ける側にいることなのです。

この時期は、パートナーに何かしてあげるのではなく、してもらうことに神経を集中させましょう。男性がくれるものに対して受容性を発揮し、敏感に応えていけば、二人の関係が実際に花開くことになるのです。

女性は、より多くを与える側にならない限り、見返りをさらに期待することはなくなります。彼を受け入れ、彼に心を開くには、彼をひたすら信頼することです。けっして彼にアドバイスをしてはなりません。ありのままの彼を認めてあげてください。ともかく、彼を変えようとしてはいけません。

そして、彼の好意やプレゼントには感謝の意を示しましょう。受容性を身につけることが、第三ステージでの女性の何よりの課題なのです。

パートナーを空気のように扱ってはいけません

相手の気持ちを考えてつきあっていくのは、最初のデートでは何でもないことです。でも、しばらくデートを重ねた後で、男性が同じミスを繰り返したりすると、女性はつい目くじらを立てるという過ちを犯してしまいます。

彼のために何ができるかということよりも、いかに相手を受け入れる態度を身につけるか、ということに専念してください。女性は、意識的にいちばんすてきな自分を見せる努力をしようともせず、彼のサポートを当然のように期待し始めます。

女性は、相手の身になって応えることをすぐに忘れてしまいます。はじめのうちは造作もなくできることですが、その後は意識的にやらなければなりません。やがてプラスの反応を示すことが無意識のうちにできるようになったら、「親密な関係になる」第四ステージに進んで構いません。

ここで、カップルたちの例をいくつか見てみましょう。

せっかくの電話にも胸がときめかなくなった――

二人がつきあい始めたころ、マイケルは定期的にテレサに電話をするような習慣はありませんでした。二人はまだ特別な関係でもなかったし、マイケルが仕事で多忙を極めていたため、彼女も理解を示していました。

ところが、十回ほどデートを重ねたころから、「もっと電話をかけてくれてもいいはずだ」とテレサは思うようになりました。せっかく彼から電話がかかってきても、ときめかなくなり、彼がちゃんと電話をくれない時などは、いらだつことさえありました。しばらくして、マイケルがこう言いました。

「あまり電話をかけようとは思わない。だから、君が待っていると思うと、うんざりするんだ」

そのうちに、彼はこう言いました。

「そうだ、僕と話がしたいんなら、君が電話をすればいい」

そこで、テレサから電話をかけるようになりました。けれど彼はよそよそしく、まるで彼女の話に関心がないようで、彼女はすっかり落ち込んでしまいました。

やがて私の「男と女の人間関係」セミナーを受講したマイケルは、電話をかけたり、小さなカードを送ってびっくりさせるだけで、彼にとって彼女が大切な存在であること、そして彼がいつも彼女のことを思っていることが彼女に伝わるのを知りました。仮に時間や話すことがあまりなくても、電話をかけ、元気かと尋ね、彼女の一日の話を聞けばいいのです。

テレサは、彼が彼女のことを思ってくれていることに感謝し、彼の電話に敏感に応えるようになりました。彼が関心を示してくれることに彼女が感謝するようになると、彼からの電話の回数も増えました。これは、彼がかけなくてはならないと思ったからではなく、かけたいと思うようになったからなのです。

なぜか「足りないところ」ばかりをあげつらうようになった――

はじめてのデートで、ガリーがすてきなレストランに連れていってくれた時、リサは大喜びしました。幸せ気分に浸り、料理を心ゆくまで堪能する彼女。あまりにも豊かな反応が返ってきたため、彼の中で彼女はとくに印象に残っていました。ところが、何度かデートをしてみると、彼女はそれほど感謝の意を示さなくなりました。レストランに行っても、感激しなくなってしまったのです。敏感な反応は消え失せ、マイナス面が頭を出すようになりました。いいところに目を向けるのではなく、足りないところをあげつらうようになったのです。

しばらくすると、ガリーはどこのレストランに行くのか、自分で決めなくなりました。「……に行こう」と持ちかけることもなくなり、代わりに彼女にどこに行きたいか、尋ねるだけになりました。

彼女からいろいろうるさく言われるくらいなら、彼女にレストランを選んでもらったほうがいい、と思ったのです。やがて二人は、お互いにひかれ合わなくなってしまいました。

でも、私のセミナーに触発されて、お互いの愛情を再び表現するようになったのです。

彼がレストランの名前をあげると、彼女は細心の注意を払って、自分のなかでいちばんプラスの感情を敏感にあらわすようになりました。だからと言って、彼女が自分を偽っているわけではありません。

前から彼女にはプラスの感情をおもてに出す能力が備わっていました。でも、親しさが増したとたん、緊張感がなくなり、マイナス面に目を向けることによって、その日たまったストレスを解消するようになっていたのです。

確かに、おつきあいをしていくうえで、日々のストレスを分かち合うのは大切なことですが、第四ステージに入るまでは慎まなくてはなりません。第三ステージでは、お互いに自分のいちばんすてきな面をあらわすこと。これが無意識のうちにできるようになれば、マイナス感情を吐き出しても、バランスがとれるようになります。

やがて彼女の気配りにより、「僕がすばらしいディナーをごちそうしてあげたから、感謝しているんだな」と思えるようになり、彼を批判しているわけではない、ということを理解できるようになります。

じっと「待つ」ことの知恵

なぜ親密になるまで、じっと待つのが賢明なのか。それは、男の欲望がだんだん成長して、より高次元のものになる可能性があるからです。男が時間をかけて第三ステージまで進む間に、男の肉体的欲望は、女性を喜ばせたいという感情的欲望に発展します。

次に、この感情的欲望が、彼女の人となりを知りたいという純粋な関心に変わります。この関心は、やがて愛情に変わる可能性を秘めています。彼の肉体的欲望が女性に対する愛情のあらわれである時は、お互いの親密度を深めていくのに最適な時期となります。

相手をひとりに決めてつきあうことは、親密さを長続きさせる基礎づくりになります。女性は、ありのままの自分をさらに正直に分かち合うことで親密さを築き、男性は、ありのままの彼女をさらに上手に支え、いつくしむことで、親密さを増していきます。女性が自分自身をさらけだすにつれて、男性は少しずつ彼女を知っていきます。彼女に対する理解を深めながら、支えることを怠らなければ、彼の心のなかにある愛情が育まれていくでしょう。

5章

第四ステージ　親密な関係になる

……愛が深まれば、不安な気持ちもきっと受け止めてもらえるはず

自分や相手のいちばん良いところがわかるようになったら、そろそろ相手のすべてを知り、自分のすべてをさらけ出してもいいころです。肉体、感情、心、魂の四つのレベルすべてにおいてひかれ合う力を感じたら、親密な関係になっても構いません。

こうしたさまざまなレベルでの引力は、簡単に説明できます。

・肉体的引力により、欲望や性的興奮が生じます。
・感情的引力により、親愛の情や思いやり、信頼感が深まります。
・心の引力により、興味が湧き、受容性が発揮されます。
・魂の引力により、心が開き、愛や感謝の心、尊敬の念が生まれます。

今までのステージで自分の要求が満たされていれば、相手との相性や相手への愛情

がどれほどのものなのか、自覚できます。上手につきあっても、お互いの愛が深まるとは限りません。でも、相手をどのくらい愛しているかということは、きっとわかるはずです。

「第四ステージ」の攻略法――マイナス面の自分を出してもいい

第四ステージの攻略法は、あるがままの自分を少しずつ見せながら、徐々に親密さを深めていくこと。今こそ、緊張を解いて、お互いのすべてを知る時なのです。今までのステージとは違い、絶えず自分をガードして、プラス面だけを見せる必要はありません。

女性はもっと心を開いて、不機嫌な時も、自分の気持ちをあらわしてみましょう。自分の日常や人間関係で気に食わないことがあれば、それを口にしても構いません。機嫌の悪い時には、彼にもそのことをわかってもらうほうがいい場合もあるのです。二人でいる時に、いつもいい子でいる必要はありません。

これで女性がどれだけ、ほっとすることか。今や、パートナーに頼り、自分の弱い面をさらけ出すことができます。リラックスし、それまで見せなかった面を見せられるのです。

どう思い、どう感じているのか、自分の内面をさらに見せても、男性の彼女に対する愛情、興味、関心、欲望が失われることがなければ、肉体面でも深いおつきあいをしてもいいと思えるようになります。ゆっくりと身も心も開いていくうちに、満足感、喜びは絶頂を極めるようになります。

このステージでは、同じく、男性の心もリラックスします。男は、肉体的な親密度を増すことを今まで楽しみに待ち続けてきました。ここで女性が心を開いて、精神面でも感情面でも自分のすべてをさらけ出すようになると、やっと二人は肉体的にも愛し合う歓びを見出します。肉体的な親密度が増すと、男性も完全に心を開くようになります。

女性の心は波のようなもの

女性は、舞い上がったかと思うと、急に落ち込んでしまうことがあります。前著『ベスト・パートナーになるために』で触れたように、女性は波のようなもの。二人の仲が深まり、無防備になってくると、女性の心はごく自然に揺れ動くようになります。今までずっと愛情に満ちあふれ、幸せそうにしていた彼女が、最高点まで上がった波のように、次の瞬間には砕け、どん底まで落ちてしまうのです。

気持ちが上向いている時の女性は、愛情を惜しみなく与え、表現できます。でも、いったん落ち込むと、相手がどんなにすてきな男性でも、大なり小なり、しばらくはいつものようには愛せなくなってしまいます。自己への信頼感も受容性も敏感な反応も、急になくなってしまうのです。

こんな時、男性は彼女に機嫌を直してもらおうとして過ちを犯してしまいます。彼女の気持ちも考えずに話し合おうとするのですが、それよりも、もっと思いやりを示し、支えてほしいと女性は思っているのです。解決策ではなく、もっと理解と共感を示してほしいのです。女性が落ち込んでいる時にいちばん望んでいることは、彼女のふるまいを非難したり、彼女に冷たくしたりしないでほしいということなのです。

落ち込んでいる時、女性は「解決策」よりも
「理解」と「共感」を求めています。

男性に支えてもらっていても、女性の心がすぐに晴れるとは限りません。時間がかかるのです。でも、落ち込みかけている時に、彼から支えてもらえると、気分の切り

替えが早くできます。落ち込むのもここまでと気を取り直せば、気分は再び上向いてきます。

それから、女性が腹を立てている時、いちばん男性にして欲しくないこと――それは、彼女が取り乱している問題を、たいしたことではないと思わないでほしいということなのです。そもそも女性は、何もかもぶちまけて、フラストレーションを外に吐き出し、誰かに同情してもらいたいのです。こんな時こそ、親密さが必要なのです。彼が味方であると思いたいわけです。女性が愛されていると実感するためには、心を開いて自分のすべてをさらけ出し、それでもなお愛されていると身をもって知る必要があります。波のように、うねりの激しい、女性のこうした傾向に上手に対処していくこと。これは、男性にとって手ごわい課題の一つです。

男には「ひとりで息抜き」の時間が絶対必要

女性もまた、彼に対して課題を一つ抱えています。親密になった結果、女性の心が不安定になるように、男性の心も落ち着かなくなります。二人が親しくなるにつれ、より親密になりたいと思う気持ちと束縛をきらう気持ちとの間で揺れ始めるのです。

自意識と自立心が旺盛なまま女性との生活に入ってしまうと、べったりとそばにいたいという強い欲望と、逃げ出して自分ひとりになりたいという欲望のはざまで迷うことになります。女性と深い関係になればなるほど、息抜きが欲しくなることがあるのです。

第三ステージのように、まだ、さほど親しくなっていないうちは、親密になりたい、彼女を幸せにしたい、彼女をもっと知りたいと絶えず思い、彼女への愛を表現し続けていきます。ですから、このように離れたいと感じることなど、ほとんどありません。ところが、ひとたび第四ステージに入り、親密度が深まるにつれて、逃げ出したいという思いも抱くようになります。女性と近しくなるためには、多かれ少なかれ、彼も自分自身を犠牲にしています。そこで、ひとりになりたいと思うようになるのです。相手がどんなにすばらしい女性であっても、親しくなり始めると、男性は、さらに深い関係に踏み込む前に、周期的に自由を求めるものなのです。

男性は、女性と親密になるにつれて、「この関係から逃げ出したい」という衝動に駆られます。

男性は女性と親しくなればなるほど、やがて、逃げ出したいと思うようになりますが、そのうちに、さらに愛情を深めて彼女のもとに戻ってきます。こうして離れては戻ることを繰り返すたびに、彼の愛情は強くなっていくのです。

「遠ざかるほど思いが募る」心理

このように、ついたり離れたりしたくなる基本的な衝動は、男なら誰にでもあるものです。これは、テストステロン（精巣から分泌される男性ホルモン）と関係があります。

だから、こうした男性の行動を直感的に知って支えてあげることは、女性には難しいのです。その結果、男性の彼女への愛情や恋心が育つのを、知らず知らずのうちに阻害してしまうのです。

男性が糸の切れた凧《たこ》のようになってしまった時、女性は彼を追い求めたり、連れ戻そうとしたりしてはいけません。これはかなり重要なことです。また、彼が戻ってきた時には、冷たくしないように気をつけなければなりません。男は、自分のこうした性癖を女性に気軽に受け入れてもらいたいものなのです。

ところが女性は、ひたすら親密さを増すのが望ましいつきあい方なのだと考え違いをしています。そこで、彼が身を引いてしまうと、何かまずいことでもあったのかと思い、さらに親密な関係を築こうとします。

賢い女性は、彼に自由になる時間を与え、彼が自分の意志でまた彼女と一緒にいたいと渇望するまで信じて待っています。「遠ざかるほど思いが募る」ということを理解しているのです。そこで彼に対して、彼女から離れて男友達と一緒に過ごすようにと提案したりさえします。こうして二人の間に距離ができるたびに、男は、彼女を追い求め、ものにしたいという欲望に目覚めることになります。

男はまるで〝ゴムバンド〟のようなもの

女性が男性の自由になりたいという気持ちを受け入れてあげると、彼女のそばにいたいという彼の欲望を目覚めさせるのに、ちょうどいい条件をつくり出したことになります。男はゴムバンドのようなもの。遠くへ行っても、それはただ伸びているだけで、やがてパチンと跳ね返ってきます。こうした性質を理解してあげれば、彼は確実に自分の心のなかの愛に気づいて戻ってくるようになります。

彼が彼女のもとに戻ってくるたびに、彼女への愛は深まっていきます。時が経つにつれ、逃げ出したいという思いも徐々におさまります。男性は常に、ある程度こういう気持ちを抱いているものですが、それほど極端なものではなくなります。こうした思いは、心の準備がないままに親密な関係に入ってしまう時に、もっとも強まります。肉体、感情、心、魂、といった四つのレベルすべてにおいてひかれ合う力を感じる前に、女性と深い関係になってしまった場合、彼は行ったきり、戻ってこないかもしれません。男性が十分な愛情を感じたことがなければ、ゴムも切れてしまうのです。例を見てみましょう。

一目惚れは結局〝砂のお城〟だった――

デリクはロシェルに出会い、恋に落ちました。一目惚れです。数回デートをしただけで、二人はもうベスト・パートナーであるかのように感じ、そうふるまうようになります。デリクは毎日、何回も電話を入れ、二人は週末をともに過ごし、すべてを分かち合いました。デリクにとって、こんなに心が燃え上がったのははじめてのことです。ロシェルも彼に夢中でした。二人の関係は、それはもうロマンチックそのもので、互いに飽くことを知りませんでした。

ところが三週間後、デリクはぱたりと電話をかけてこなくなります。その理由がロシェルにはわかりません。彼に何かあったのでは、と心配になり、会社に電話をしてみました。何も変わったことはありませんでした。打ち解けた彼の声。でも、明らかに何かが違っています。彼の話からは、デートのデの字も聞かれませんでした。

ロシェルは不愉快でたまりません。こんなに早く熱が冷めてしまうなんて、とても信じられない……。彼女は、その場は取り繕いましたが、心中穏やかではありませんでした。彼の話しぶりときたら、まるで単なる友達を相手にしているかのよう。彼女はすっかり気分を害してしまいました。

彼女は二日待ちました。でも、電話はかかってきません。信じられないことです。もう二度と彼の顔など見たくないと思った彼女は、彼に電話をすることにしました。そして自分の気持ちを打ち明けます。気まずい会話がなされた後、二人は別れます。彼女は傷つき、腹を立て、彼は彼女を傷つけてしまったことに罪悪感を抱きながら。

彼は彼女を不安にさせるつもりはありませんでした。彼女こそ生涯の伴侶になるべき人だと彼も思っていたのです。ある朝、彼女の隣りで目覚めるまでは。ところがその時、どう考えても彼女はパートナーとなるべき相手ではない、という思いに襲われたのです。

彼は、どうしようもなく逃げ出したい衝動に駆られました。二人で朝食をとりながら、彼は心のなかで理想の女性像と彼女とを比較し始めていました。彼女はまったく彼の理想には届いていませんでした。彼女に一目惚れしてしまった時と同じように、突然その時、彼女への愛情が冷めてしまったのです。

どうしたらいいか、わからなかった彼は何もしませんでした。彼女から再び電話があり、どれほど彼女が傷ついているか聞かされた彼は、別れることに同意しました。申し訳ないことをしたと思いましたが、他にどうすることもできませんでした。気持ちを変えることはできませんでしたし、これ以上、絶対に彼女を傷つけたくなかったのです。

もっと〝大きな自分〟になって彼が還ってきた――

半年後、私のセミナーを受講したデリクは、「男とはゴムバンドのようなものだ」と学びました。そこで、ロシェルについて、なぜ自分があれほどまでに熱したり、冷めたりしたのか、突然はっきりとわかったのです。彼は彼女とまさに親密になり、深い関係になっていました。

やがて彼が逃げ腰になると、彼女が電話をかけてきます。でも、彼は、彼女への思いを伝えて安心させることができませんでした。なぜなら、もう何とも思っていなかったからです。彼女は自分にふさわしくない、ときめつけていたのです。

もし二人が第四ステージに急ぐ代わりに、時間をかけてお互いを知ることにつとめていたら、どうなっていただろうかと彼は考えました。今までのように、彼女と一緒にいたいと心から渇望することはありませんが、彼女を失って寂しい思いをしていたのは確かでした。そこで彼は彼女に電話をし、自分なりの考えでことの真相を説明したのです。

二人はデートを続けることにしました。セックスを控えるのは大変なことでしたが、今回は二人とも、前よりもゆっくりと歩むようにしました。二人の関係を一からやり直し、十分な時間をかけてデートの各ステージをクリアしていくことにしたのです。

やがて二人は第四ステージにたどり着きます。するとまた、デリクは逃げ出したくなってきました。でも、ゴムバンドのように、彼はきっと戻ってくるはずです。それに今回は、逃げ出したくなったと言っても、それほど激しい思いではありませんでした。十分に時間をかけて二人の関係を育ててきたおかげです。

彼女から離れて、何日も経たないうちに、彼は彼女がとても恋しくなりました。二人の関係が十分に育っていたおかげで、彼が遠くに行っても、ゴムは切れませんでした。一年ほどして二人はゴールインし、今も幸せいっぱいに暮らしています。

「待つ」ことが、なぜそんなに重要なのか

第三ステージを完璧にこなしていれば、男性も女性も、親密になるための四つの関門をすべてクリアすることができます。心や感情面で親密になると、肉体面で親密に

なるのと同じように達成感が得られるものです。これには多くの男性が驚きます。愛が築けそうな時に、ただセックスをするだけなんて、感謝祭のごちそうを前にしてスナック菓子を食べるようなもの。なぜ、より程度の低いもので満足してしまうのでしょうか。

時間と労力はかかっても、本物は長続きします。デートの五つのステージを、時間をかけてすべて踏破してみましょう。すると、男性が献身的にすべてを捧げた時、最高の見返りが期待できるはずです。

たまの「役割交換」がマンネリを破ってくれる

男性が女性の代わりをうまくつとめてくれると、女性は安心して、さらに無防備になります。彼女の代わりをつとめる、という行為は、女性の助けになるだけでなく、男性が自分の気持ちを見つめ直すのにも役立ちます。

女性の気持ちを尊重し、理解できるようになると、自分の気持ちもよくわかるようになるからです。そこで自然に、彼女ともっと分かち合いたいと思うようになります。

ひとたび女性の要求が満たされ、彼女の心が開き、自分をさらけ出すようになったら、男性も一時的に役割を交換し、彼女に彼の代わりをつとめてもらっても構いません。

第四ステージでは、時々役割を交換するのもいいことです。いつも男性がデートの計画を立てているなら、たまには女性が立ててもいいでしょう。いつも彼が聞き役なら、今度は彼女が聞き役にまわってみましょう。ふだんロマンチックなムードづくりを彼がしているのなら、時には彼女がしてみましょう。

こうした役割交換は重要なステップです。ただし、注意も必要です。男性があぐらをかいて受ける側になり、女性が与え過ぎてしまう可能性も大いにあるからです。役割を交換する時は、それが特別なことであることを認識して、習慣化しないようにしなければなりません。

なかには、すでに自分の気持ちに敏感な男性もいます。彼らはとても率直で、おしゃべりです。こうした男性は、知らず知らずのうちに二人の関係をこわしてしまう可能性があります。

女性はまず、彼は私のためにここにいてくれるのだと思いたいのです。そうしてはじめて、彼女は自分を見失わずに、彼のためにその場にいられるのです。

彼女が彼を必要とする以上に、彼が彼女を必要とすることほど、場をしらけさせることはありません。二人の関係のバランスを保つためにも、男性はけっして彼女よりも多くを語ってはなりません。

男性がサポートを必要としているのを女性が察してしまうと、女性は本当に自分の欲求に疎くなります。男と女には大きな違いがあるのです。男は彼女の立場に立つと、ますます自分の気持ちやニーズに敏感になります。逆に、女性が彼の立場に立つと、自分の気持ちやニーズに鈍感になる恐れがあるのです。

要注意——男が〝波〟に、女が〝ゴムバンド〟にならないように

役割交換もやり過ぎてしまうと、今度は男性が波のように、女性がゴムバンドのようになってしまいます。この場合、問題なのは、女性がゴムバンドのようになった時です。男とは違い、自動的に跳ね返ってはきません。また男性が砕け散る波のようになってしまうと、女性は彼の苦労を気遣うあまり、自分の要求を忘れてしまいがちになります。彼もまた、異常に女々しく神経過敏になる恐れがあります。

こうしたことを避けるためにも、バランスのとれた関係を見出す必要があります。役割を交換し過ぎると、せっかくのロマンスも台無しです。

男性もパートナーに対して、自分自身の個人的な考えや気持ち、要求、望み、欲求を打ち明けても構わないのですが、まず彼女の要求を満たしてからにしてください。男性もまた、極端に神経過敏にならないようにすることも大事です。事があった時に、男性が女性よりも取り乱すようになってしまうと、女性は自分本来の感じやすい気持ち

に疎くなり、心から親密な関係になることができません。本当に親密になれるのは、女性の心が開かれていて、そのなかに男性が入り込み、女性を支えている時だけなのです。

男性は、女性の時間や労力、母性的な支えをあてにし過ぎないように注意しなくてはなりません。女性がついつい世話を焼いてしまうと、本来もらうべきサポートが得られないため、やがていらだちを募らせることになります。いいかげんに解放されたいと思うようになるのです。

ただし、女性の場合は、喜び勇んで戻ってくることなどありません。その代わり、義務感から後ろ髪を引かれるような思いをします。こんなことでは、「プロポーズと婚約」の第五ステージまで進むことは不可能です。

心底からお互いを知るようになれば、機が熟した証拠です。相手がベスト・パートナーかどうか迷わずわかるようになります。「どうしたら、わかるのですか？」と、よく質問されますが、はじめの四つのステージをきちんと踏めば、「わかり」ます。ある段階に来ると、相手が自分にふさわしいかどうかが「わかる」ものなのです。

その時こそ、第五ステージに進んでみましょう。

6章

第五ステージ　プロポーズと婚約

……二人で困難に立ち向かう予行演習もすませます

これまでのステージで準備がすっかり整ったなら、今おつきあいしている相手と結婚したいのかどうかが自然にわかるようになります。相手を生涯の「ベスト・パートナー」であると認めるのです。

これは、ただの恋ではありません。相手を心から愛するがゆえ、これからの人生の日々を、彼または彼女と一緒に過ごしたいと願うのです。

ただし、こうした認識は、一瞬のひらめきに過ぎません。相手が自分にふさわしいということは、その瞬間にははっきりわかっても、後になってぐらついたり忘却の彼方に消え去ったりするものです。

この思いを揺るぎないものにするには、それをきちんと言葉にし、約束を取り交わさなくてはなりません。

鉄は熱いうちに打て。好機を逸しないようにするのが肝心。熱が冷めてしまってからでは、手遅れです。

結婚の約束を交わすことで、自然にこうしたひらめきを確かな色褪《いろあ》せないものにするのです。

この一瞬の気持ちに従って婚約すれば、変わりやすい気持ちも、より強固で、嘘偽りのない、根拠あるものとなります。

春になると顔を出す新芽のように、大事に育み、守ってやらなくてはなりません。愛にも適切な配慮をすれば、それはどんどんたくましく育っていくはずです。

女性にとって生涯でいちばん大切な「最高のプレゼント」

女性にプロポーズすることがどれほど大切か、たいていの男性はわかっていません。プロポーズされるということは、女性にとって生涯で結婚式の次に大切な思い出です。これには異論を唱える男性もいるかもしれませんが、それは、プロポーズがいかに大切か、まるでわかっていないからです。

プロポーズは、男性が女性にあげられる最高級のプレゼントであり、最良の結婚に向けて道をつくる役割を果たします。

プロポーズは、女性にとって
生涯で結婚式の次に大切な思い出なのです。

将来、二人が壁につきあたった時、過去の特別な瞬間を振り返り、無垢《むく》な心の、何のこだわりもない自分たちが、純粋に愛を誓い合った時の気持ちを思い出すのは、とても有意義なことです。

思い出に残る瞬間をつくるのは、男性に与えられた特権のようなもの。たった一回限りのことですから、特別な思いをこめてみましょう。女性は、彼からどんなプロポーズをされたか、一生の語り草にするものです。男性は、既婚の友達がいたら、何かいいアイデアをこっそり伝授してもらいましょう。

「二人の関係」をさらに深めるウォーミングアップ期間

第五ステージでの最重要課題――それは、あわてて結婚という重荷を背負いこまないようにすることです。なぜ、離婚が多いのか。その原因は、自分と合わない相手と結婚したからではなく、十分な準備ができていなかったことにあります。引っ越しをし、一つ屋根の下でともに暮らすようになると、当然、ストレスやトラブルが生じます。そんな時、自分は本当にふさわしい相手と一緒になったのだろうかと疑うようになります。

「婚約」のステージは、心から愛し合った二人が、一生褪せることのない愛の思い出づくりをする時です。また、結婚の試練に立ち向かう前に、「愛する」というもっとも基本的なテクニックを磨く時期でもあります。

婚約期間。それは激しい運動をする前のウォーミングアップのようなもの。「二人の関係」という筋肉を伸ばしてみましょう。こうして筋肉をほぐして、鍛えれば、もう準備完了です。婚約期間を通して、結婚生活を上手に送る用意ができるのです。

婚約期間。
それは激しい運動をする前のウォーミングアップのようなもの。

カップルは、せめて五カ月から八カ月ぐらいは、お互いの愛を確かめ合う期間を設けること。そうすれば、のちに大きな試練が訪れた時の心構えができます。結婚生活でストレスがたまっても、お互いの愛情を確かめ合った純粋無垢な思い出がたくさんあれば、再び愛を見出すことができます。婚約することによって、結婚生活で生じるさまざまな問題を乗り越えるための頑丈な基礎が築けるのです。

「謝る」と「許す」二つのテクニック

「婚約」のステージは、結婚に備えて二人の愛を公認のものにする時です。この時こそ、結婚生活を幸せなものにする何よりも大事な二つのテクニック、すなわち「謝るテクニック」と「許すテクニック」を習得する絶好の機会です。さらに、難しい問題が発生する前にこの二つのテクニックを磨いておけば、結婚への心構えができます。これらは、鳥の翼のようなもの。愛とやすらぎの両翼がなくなったら、飛ぶことはできません。

謝ることと許すこと。これは互いに切っても切り離せない関係にあります。一方が謝れば、もう一方は楽に許せるようになり、一方がとても寛大だと、もう一方は楽に自分の非を認め、謝ることができます。

男は、自分が許してもらえないだろうと思っている時は、過ちを犯しても、なかなか謝ることができません。女も、男が謝らないと、なかなか彼の過ちを許すことができません。一方が謝るばかり、あるいは許すばかりというのは、お互いに良くありません。

こうしたテクニックをもっとも効果的に磨くには、男はまず自分のミスを謝ることに集中し、女はまず彼のミスを許すことに集中しましょう。本当は、男女ともに、謝り、許せるようにならなくてはいけませんが、このとっておきのやり方が二人の結婚生活の潤滑油になることは間違いありません。

男が謝る時——

男が自分の非を詫《わ》びた後で相手に許してもらえると、自然に相手に対しても寛大になれるもの。彼女から愛され、受け入れてもらえるだろうと思えば、もっと楽に白状し、自分の過ちから学ぶことができます。これからも愛してもらえるかどうか悩まなくてすむと、やってしまったことや、今後それをどう改めたらいいかといったことを、心を開いて考えられるようになるのです。

自分の非を改めるためには、自分が相手に受け入れられていると感じられることが必要です。男が彼女から罰せられたように感じていると、彼女の要求を思いやったり、敏感に察したりすることが難しくなります。でも、彼が謝ることができれば、彼女が喜ぶだけでなく、彼自身も自分のもっとも必要としていることが満たされます。すなわち、彼女から信頼され、受け入れられ、評価してもらえるのです。

女が許す時——

男性が謝ってくれると、女性も許すことができます。すると、彼をさらに受け入れ、信じられるようになります。ただし、彼が謝ってくれないと、あるがままの彼を信じて受け入れることがなかなかできません。男が「自分の過ちなど思い返したくもない」といった態度をとると、女性は彼の過ちをくどくどと責め立てます。彼の態度を改めさせるのが自分のつとめと信じている彼女は、彼女自身を見つめて態度を改めるということはしないのです。

男性が自分の非を認めるまで、
女性は彼の過ちをくどくどと責め立てます。

男性は、自分のふるまいを改めて、もっと思いやりの心を持つこと。そして女性は、彼のふるまいに対する自分の態度を改めるようにしてください。すると、二人の関係はうまくいくようになります。女性が彼を許せるようになると、お互いのいちばん良いところを引き出す能力が自分にあることがわかります。人を許せる自分に気づくと、もっとも愛情豊かな自分が顔を出すようになります。

文句や愚痴では〝心の扉〟は絶対開きません

「うちの人ったら、絶対に謝ろうとしないの」

これは既婚女性がよくこぼすことです。いっぽう、既婚男性はこう不満を漏らします。

「うちのカミさんは執念深くて、ガミガミ文句ばっかり。こっちがまずいことでもやらかそうものなら、永遠に覚えていやがる」

こうした文句や愚痴のもとは、未然に防ぐのがいちばん。第五ステージにいる男性なら、抵抗なく謝ることができます。というのも、過ちを犯したことで責め立てられたり、相手にされなかったりした経験がまだないからです。第五ステージでは、まだ男のなかに、「きっと許してもらえるはずだ」という甘い期待があるのです。というわけで、謝る練習をするのに、これほどうってつけの時期はありません。

第五ステージにいる女性も、嫌がらずに許す練習ができます。何しろ、デートの相手が長年にわたって同じ過ちを繰り返すのをまだ見たことがないのですから。第五ステージでは、「彼なら、将来もきっと私の要求を聞いてくれるはず」という甘い期待がまだ女性のなかにあるのです。というわけで、いちばん心が開いた状態で、許す練習ができるのです。

相手を許すことによって、女性が前向きで受容性のある態度を示すようにすると、彼が彼女を喜ばせ、支えたいと真剣に願っているのがわかるようになります。また、彼が本当に最善を尽くしていること、彼女の欲しいものをもっともっと与えることができるということも信じられるようになります。

彼のいちばん良いところを引き出すのは、彼への文句や愚痴ではなく、愛情なのだということが身をもってわかるようになるのです。

この「ひと言」で深刻な状況が一変します

男性が女性に謝る時、適切な言葉を選ぶのが大切なように、女性が男性を許す時には、男性にいちばん受け入れられやすい方法でするのが肝心。ただ「許してあげるわ」

では、見下されたと感じてしまう男性もいます。明らかに彼が過ちを犯していても、女性が受容性のある態度をとれば、男性はことのほか許してもらえたことを実感できるものです。男性が飛び上がって喜ぶような言葉をいくつかあげてみましょう。

彼「遅れてごめん……本当に、僕はダメなやつだ」
あなた「いいのよ。でも今度からは電話してね」
彼「きのう、あんなこと言って悪かったな……考えてみると僕がどうかしてたんだ」
あなた「謝ってくれてありがとう……そんなに気にするほどのことでもないわ。二人ともどうかしてたのよ。でも、あなたが考えてくれていたなんて、うれしいわ」
彼「すぐに電話を入れなくて、ごめん……君の言っていることは正しいよ。本当に僕が無神経だったんだ」
あなた「いいのよ。私はただ何が起こったのかしらと思って」
（ここで彼の説明を黙って受け入れましょう）
彼「チケットを買うのを忘れてて、すまなかった……本当に僕は自分のことしか頭にない男だな」
あなた「いいのよ。でもこれで一つあなたに貸しができたわ。今度は交響曲を聴きに行きましょうね」
彼「パーティーの時、寂しい思いをさせて申し訳なかった……僕に思いやりが足らなかったんだ。本当に悪かった」
あなた「たいしたことじゃないわ。でも、わざとじゃないってわかって、ほっとしたわ。許してあげるわね」（と微笑みながら言う）

女性が彼を許す時、ここにあげたようなセリフなら、どれを使っても、彼は身構えたりしないですみ、前にも増して彼女の要求を、責任を持って思いやってくれるようになります。

人生でいちばん大事な心の準備

お互いにすべての面で特別な存在であること。そして、二人で責任を持って愛を育てていくこと。結婚とは、こうしたことを正式に認めることです。生涯にわたり、パートナーを誰よりも特別な存在とすることを約束する。これが結婚なのです。

この約束がなければ、肝心なものが欠けてしまいます。女性が男性の望みどおりに、彼を特別に愛し、評価し、受け入れ、信頼するには、自分の要求も必ず満たしてもらえる、と確信できなくてはなりません。

また、彼がいつも熱意を持って彼女を慕い、気遣い、理解し、尊重してくれるのを実感する必要もあります。何でもより少ないもので満足してしまうと、さらに少ないものしか手に入りません。これでは、内に秘めた愛が十分に育たず、芽を出すチャンスがなくなってしまいます。

婚約時に感じる愛は、正真正銘の永遠の愛であるばかりか、希望に満ちあふれたものです。言わば、二人の未来が詰まった種であり、生活の基盤でもあるのです。

デートの五つのステージを踏破することは、ケーキを焼く過程になぞらえることができます。すべての材料を混ぜ合わせるのがはじめの四つのステージ。そして、それをオーブンに入れるのが第五ステージです。ケーキがふっくらふくらむには、十分に焼き上げる時間が必要なのです。

何カ月もかけて第五ステージをクリアすれば、二人の愛の温もりを感じることができるばかりか、固い愛の絆を結ぶことができます。

ただし、正真正銘の永遠の愛を見つけても、いつもそれを実感できるとは限りません。世の中、すべてのものが周期的に循環しています。昼の次には夜が、満潮の次には干潮が訪れ、上がったものは、いずれ下がります。同様に心も、開いては閉じます。でも、結婚の約束をすれば、閉じた心も再び開くようになります。

この魂の契りを果たせるような行動を互いに取り合っていれば、そのたびに閉じた心が開いて、もっとも崇高な志へと向かうようになるのです。

そして最高の結婚生活を送るには、知る、話す、約束を守る、嘘を言わない、といった技量が求められます。自分でやると宣言したことを実行する力、自分のいちばん大切な人を感情面で支える力、自分が正しく公平だと信じていることに従って暮らしていく力も必要です。

なかでも、もっとも高尚な力は、心を開いて、行動し、感じ、考えること。心が開いていると、もっとも崇高な志、すなわち「愛すること」に従って行動できるのです。

自分でやると口にしたことが実行できると、夢を形にする力が自分にあるということに、気づいていきます。

今の自分のいちばん良いところが発揮できると、人生に幸運を呼び寄せることになります。

自分の魂が欲するままに、行動し、感じ、考えられる時、日々の生活を最高のものにできるのです。

さて、2章から6章にかけて、デートで踏まなければいけない五つのステージを見てきました。何度も繰り返すようですが、このステージの過程をけっしておろそかにしてはなりません。

とくに、あるステージで問題が起こりかけた時、そのステージを飛ばしてしまいたい誘惑に駆られることもあるでしょう。

第一ステージで壁にぶつかるくらいなら、次のステージで得るものを得て、明るい未来を先取りしたい──でも、これではうまくいかないことを、これまでにたくさんの例をあげて見てきました。

本当にすばらしい愛を手に入れるためには、何としてもこの五つの過程を通ることができるようにしてください。

次章からは、五つのステージを踏んでいく際の、デートの「決まりごと」や「約束」をさらに詳しく見ていくことにします。

7章

男が追いかけ、女が応える
……過去も未来もこの法則は絶対に変わりません

交際中のカップルがデートの五つのステージをクリアしていくには、互いの心をひきつけておく必要があります。そのためには、男性も女性も各自の役割をきちんと守って、相互に補い合っていかなくてはなりません。男性が女心をつかみたければ、何よりも自信と信念に満ちた態度で彼女に思いやりを示してあげましょう。

いつも「ありがとう、うれしいわ」の気持ちは忘れずに

いっぽう、女性は男性のしてくれたことに対して受容性に満ちた態度で応えましょう。その際、彼は当然何かしてくれるもの、といったあつかましい態度は禁物です。寛大な心を忘れずに。また、いかにも物欲しそうに見えないようにしましょう。彼を追い求めていると誤解されないようにしてください。ただ心を開いて、彼を好きかど

うか見極めようとしていることが相手にわかるようにすればいいのです。

「きっとあなたなら幸せにしてくれるはず」

これまでの章で見てきたように、二人の関係を築きたければ、女性から男性を追いかけないように気をつけなくてはいけません。その代わり、自分にアプローチしてくる男性には敏感に応えるようにしましょう。

この種の受容性と敏感な反応は、男女の戯《たわむ》れのなかであらわれるものです。女性が男性と恋愛ごっこを楽しんでいる時は、次のような気持ちを態度にあらわすことで、互いにコミュニケーションを図ります。

「きっとあなたなら私を幸せにしてくれる。あなたこそ私が今まで探し続けてきた白馬の王子かもしれない。あなたなら私の心を満たしてくれるはず。あなたとなら本当に特別な時間を過ごしてもいいわ。あなたって楽しい人ね」

戯れの恋はショッピングを楽しむのに似ています。買い物の醍醐味は、自分の好みに合うかどうか品定めすること。だから、自分の本心を店員に明かしたりしません。あれこれ手にとって試してみても、何も買わずに店を出ることができます。他のお店をのぞいたり、気に入ったのなら、いつでも戻ることだって自由です。これは戯れの恋とまったく同じです。

「探し出して眺めているのが好きなの。たぶん、あなたなら私を幸せにしてくれそうだわ」。こうしたことが、この恋の活力になります。

「男が追いかけ、女が応える」のルール

いっぽう、追い求めることは就職試験の面接に似ています。その会社がどんな会社なのか、その感触を得たいのはやまやまですが、まずは雇ってもらえるよう自分をアピールするのが先決です。女性を追い求める時、男性は本能的に、自分のいちばん良いところや魅力的なところを前面に押し出します。

「僕なら君を幸せにできる。僕の品定めをしてほしい。これが僕のしてきたこととできることだ」

このような思いを胸に、男性は女性を求めるわけです。男が追いかけ、女が応える。そうして女がまるごと受け入れ、はしゃいで喜んでいる限りひかれ合う力が働きます。

追う男性に対して女性から色好い反応が返ってくると、男は小躍りするものです。というのも、常に自分の力で女性を幸せにしたいと願い、その機会をうかがっているからです。こうした反応は、彼には女性を幸福にする力があるというほめ言葉になり

ます。女性にとって、好きな人が懸命に自分を幸せにしようとしてくれるとうれしいように、男性にとっても、追いかけた相手が振り向いてくれると、とてもうれしいものなのです。

女性からの色好い反応は、男性にとって胸躍るものです。

こんな〝しぐさ〟に男性はときめくのです

さて、ここで女性が男性の気を引こうとする時の十二のシグナルを見てみましょう。女性は意識的、あるいは無意識にこうしたしぐさを男性に対してとっているのです。

1　「私もあなたに関心があるの」と言いたげに軽く微笑み、目線を五秒ほど合わせてからそらす。

2 「あなたみたいな人を待っていたの」と言いたげに、まばたきをする。

3 「あなたは私の理想の人かもしれない」と言わんばかりに、小首を傾《かし》げる。

4 「私に気づかないつもり? 今がチャンスよ。アプローチしてね」と言わんばかりに立ち上がると、彼のそばを通り過ぎる。

5 彼を見つめ、彼の目をじっととらえる。それから五秒ほどして視線をそらし、自分のほうを見るよう誘う。そして約十秒後、「興味があるなら、自己紹介してよ。とって食おうなんて思ってないから」と言わんばかりに微笑みながら振り返る。

6 彼の鼻先をかすめて通り、「あっ」とか何とか小声で言う。これは「あら、あなたに触れるつもりはなかったの……でも、嫌じゃなかったわ」という意味です。

7 しゃべりながら、彼の思いやりや気配りに対して感謝の意を示すかのように、何気なく彼の手に触れる。「あなたと気持ちがつながっているなんて、すてきだわ」と言わんばかりに、無邪気に微笑む。または「とってもすてきな気分よ」とでも言うように両眉を上げる。

8 自分の主張の正しさをアピールする時、彼といると、ほっとして心が安らぎ、安心できるということを認めるかのように彼の肩を手で軽く触れる。それから、片手を上げ、ひと息入れるかのように黙る。これは、思いがけなく気持ちが通じたのがうれしくて、言いたいことを一瞬忘れてしまったためです。

9 話し合っている最中に、冗談めかして理屈をこねる。または「二人がいつも同じ意見とは限らないけれど、あなたのことは好き。違う意見を聞くのも楽しいし、あなたの言うことは刺激になるわ」とでも言うように、彼の意見に反論さえする。

10 何かを運んでほしいとか、何か手伝ってほしいと彼に頼む。彼が手を貸してくれている最中、まるで「こんなにリラックスできて、大事にしてもらえるのって、とってもすてき。本当にいい気分」と言わんばかりに深呼吸をし、ほっと緊張を解く。

11 彼に何か質問をする。そして彼のひらめきの良さに「あなたの考え方、好きよ。あなたって本当に頼りになるわね」と言いたげに、はしゃいで喜ぶ。

12 デートの帰り際、彼をまっすぐ見つめ、小首を傾げて微笑む。そして「本当に楽しかったわ。私にキスしたいのなら、してもいいわよ。ねえ、キスして」と言わんばかりに、あごを軽くしゃくる。

このようなちょっとしたしぐさによって、男は彼女に受け入れてもらえたことを実感し、彼女に対する興味をそそられるのです。男が追う時は、進展しているという明確な証を必要とします。逆に、はっきりとしたシグナルが受け取れないと、うまくいくという期待が持てないため、男の関心は薄れてしまいます。

男は「認められる」のが、女は「あがめられる」のが好き

自分が相手にひかれているのを伝え、その気持ちを育てていくためには、相手をほめるのがいちばんです。男性が女性に惚れている場合には、相手をほめれば、彼女にその気持ちが伝わります。ただし、男性の上手なほめ方を知らない女性がたくさんいます。大事なことは、男性は認められるのが、女性はあがめられるのが好きということなのです。

男性がほめられたと感じるのは、自分の判断や行動の結果が認められ、高く評価された時です。

たとえば、男性に誘われて映画を観て、「何てすばらしい映画なの」と女性が言えば、彼はまるで自分がその脚本を書いたかのように喜びます。彼女が満足するような映画を観せてあげられたことで、彼はその映画を自分が監督し、脚本を書き、プロデュースし、主演までした気でいるのです。

彼のお勧めのレストランの料理に彼女が感激してくれると、彼も感激します。まるで、自分が一日がかりで用意した料理を評価してもらえたような気分なのです。女性が彼の与えたものに対してプラスの反応を示し、マイナス面には目をつぶってくれる

と、男性はとりわけほめられ、評価されたと感じます。「今晩は最高の夜ね。とてもいい気分。空には雲一つないし、澄み切っていて、星がとてもきれいだわ。川向こうに月が昇るなんて、本当にロマンチックよね」とでも女性が言えば、男性はもう昇天してしまいます。彼女がその夜のことをほめればほめるほど、彼は自分の演出が功を奏したと思います。

月を昇らせたのも、空を澄み渡らせたのも自分であるかのように錯覚してしまうのです。彼は得意になり、ますます彼女への愛を募らせます。

いっぽう、女性はほめ言葉が直接自分に向けられた時にいちばん感動します。確かにほめ言葉であれば、何でもうれしいものですが、女性にとっての最大の賛辞は、より個人的で単刀直入な場合なのです。

でも、男性はこうしたことがわかりません。女性を直接的にほめることなどしないため、相手と心を通い合わせるチャンスをみすみす逃してしまいます。

彼女のすることや彼女について彼がどう思ったか、といったことにこだわる必要はなく、むしろ、彼女自身を直接あらわすプラスイメージの言葉を見つけることに神経を集中させてみましょう。

彼女のしたことについて話すのも結構ですが、彼女自身に関するコメントを必ずつけ加えるようにしてください。そうすれば、女性は何よりも男性の愛を実感することができ、彼を知ることにもなります。

女性は男性に見つめられ、プラスイメージの言葉でほめられると、とても安心します。そして、女性がいちばん男性にひかれるのは、自分のことを彼から直接的にほめてもらった時なのです。こうした違いについて調べてみましょう。

ほめ方一つで二人の仲は急進展

直接的なほめ言葉（女性に最適）

- 君は最高だね。
- 君はとても楽しい人だね。
- 君の笑顔はとってもすてきだ。
- 君はとてもおもしろい人だね。
- 君って頭がいいんだね。すごいよ。
- 君って優秀なんだね。
- 君、すごく冴えてるね。
- 君、映画を見る目があるんだね。

間接的なほめ言葉（男性に最適）

- 最高の時が過ごせたわ。
- とても楽しかったわ。
- きょうはとってもすてきな夜ね。
- あなたと話しているととても楽しいわ。
- 本当にそのとおりね。
- たった二十分でできるなんてすごいわ。
- こうするなんて考えたことなかったわ。
- この映画、観にいって正解だったわ。

女性が男性をほめる時は、このように間接的な表現にすると、彼は励まされてますます彼女を追い求め、女性を勝ち得る能力に自信を持ち、達成感を得、彼女への関心を募らせます。女性が間接的にほめている限り、二人の距離など放っておいても、彼が追いかけてきて飛び越えてくれます。

男性が女性をほめる時は、ここにあげたように、よりストレートにほめれば、女性を大事に扱い、尊重したことになり、彼女は安心します。こうしたほめ言葉は、彼女の気持ちに直接響き、心を和ませるので、彼女はさらに受容性が増し、敏感に反応するようになるのです。

男性にほめられた時、女性が喜びをあらわにすると、彼は二人の仲が進展しているのを感じ取れます。

8章

なぜ、男は電話をしないのか

……電話——恋の小道具はあなどれません

さて、デートの五つのステージを見ていくなかで、「電話」という二人の仲を熱いものにも、破滅させもする道具について書きました。本章では、その電話のかけ方、受け方について、さらに詳しく考えてみましょう。

電話番号を聞いたり、デートに誘ったりするくせに、その後、相手の女性に電話をしようとしない男性は結構多いものです。そんな時、女性は途方に暮れてあれこれと思いをめぐらせます。

「何かまずいことでもあったのかしら？　私、何か言ったかしら？　それとも、いけないことでもしたのかしら？　彼にもっと好きな人ができたのかもしれない。もう電話、かかってこないのかな？　他の人とデートしてもいいのかしら？　シャワーを浴びている時に電話がかかってきたら、どうしよう……」

こんなぐあいに、女性は彼から電話がないと心が乱れてしまいます。でもたいていの男性は、電話をもらうのが女性にとって、なぜそれほど大切なのかわかっていません。

デートがかなりうまくいった場合でも、男が電話をしないことはよくあるのです。

これにはわけがあります。

わかってみると心がずいぶん軽くなったという女性が多いのですが、男というものを理解し、複雑怪奇に見える彼の行動の意味をきちんと理解すれば、やがてはのんびりと構えていられるようになります。男性のデートへのアプローチ法を心得ておけば、彼の態度を誤解せずにすむのです。

まず第一に、デートの時はとても楽しんでいたくせに、彼が翌日、電話もくれないというのはよくあることです。

でも、電話をしないからといって関心がないわけではありません。

なぜ、女性は電話を待ってしまうのか

女性は、電話がかかってくることを本能的に期待します。なぜなら、本当に関心がある相手には、安心させてあげるのが女性のやり方だからです。電話の向こうから真心や親しみを込めた口調で「昨日は楽しかった」と言われるのは、女性にとってうれしいものです。女性同士がともにひと時を過ごした後は、お互いに電話をかけ合うものなのです。

女性にとっては、絶えず連絡を取り合うことが愛情の証となります。女性の友人どうしが数カ月、または数年間、音信不通で再会すると、まず互いにご無沙汰したことを謝ったりしますが、男性同士では、こうしたことはしません。

たとえば、男の兄弟が長らく連絡し合わなかった場合でも、実際に会った時には、ただ喜び合うだけで無沙汰を詫びるなど思いもつきません。

まるで昨日まで一緒だったかのように、昔の二人に戻ります。でも女性の場合は、再び互いを知り合わないと本当に親密な関係には戻れません。

これは夫婦についても当てはまります。夫が一週間、家を離れたとします。彼は帰ってくると、まずセックスをしたがりますが、妻はそうではありません。彼女の気持

ちはこうです。

「ただセックスがしたいだなんて、よく言えるわね。私たち、何日も会話すらしていないのに。私がどう思っているかなんて、気にもならないわけ？」

彼女は互いの心のブランクを埋めないと、体を寄せ合う気にもなれないのです。女性の作法など、男性は理解できません。でも、彼には悪気などなく、ただ習慣的に本能に従っているだけなのです。

実際、彼は、すぐに電話をかけないほうが、二人の関係がうまくいくと信じているのです。女に飢えているように見られまいとして、彼の本能が「電話をかけるのは、しばらく我慢しろ」と命じているからです。あまり興奮したり、関心をあらわにすると、自分の株が下がると思いこんでいるのです。

二人の関係において過度に不安げな態度を見せれば、それだけ男性が不利になってしまうからです。

男の本能には、どれほど相手を愛し必要としているか、おもてに出してはいけないと刻みつけられています。男性は、自信あふれる独立独歩の精神を誇りにしています。

こうしたことはビジネスの世界では有効ですが、女性と親密な関係を築くうえでは役に立ちません。

デートの後、男性がやっと電話をするころには、「いったい、いつになったら電話をくれる気なの?」と待ちわびていた彼女は、彼に対していらだちを募らせています。そして、彼女の声の調子から彼のせいで不愉快になったと言いたげなのが、彼にもはっきりと伝わります。

以後、二人の関係は悪循環を繰り返し、下降線をたどるようになります。

男が幻滅する女性の特性とは

男性からやっと電話をもらった時の女性は、直接けんかをふっかけてくるか、遠回しに拒絶した態度をとります。彼と出会ったころ、まばゆいばかりに輝いていた彼女は、今では心優しく自信にあふれ、打てば響くような彼女ではありません。不信感に満ち、よそよそしく見え、たいていの男性なら逃げ出したくなるような、ありとあらゆる嫌な特性を備えています。

デート後に再び話す機会があっても、女性が感情的になっているため、互いに心のこもった優しい言葉を交わすこともなく、相手に幻滅してしまいます。彼は彼女から尋問されたうえに不当な扱いを受けたと感じ、彼女のほうはないがしろにされ、冷遇されたと感じます。

せっかく電話をかけても、はねつけられたり、不信感をあらわにされたりすると、男性はがっくりきてしまいます。女性が電話をもらってほっとしたいように、男性も彼女を喜ばせることができたと実感できる言葉を期待しているのです。

女性が電話をもらってほっとしたいと思うように、
男性も彼女を喜ばせることができたと実感できる言葉を
待っているのです。

男が二人の関係の「自然消滅」を望んでいる時

また、男性が女性とこれ以上つきあう気がない時も、電話をかけてこないのが普通です。なぜなら、彼女に断りの電話を入れるのは、不躾《ぶしつけ》で何だか失礼だと考えているからです。相手が彼を気に入り、ずっとつきあってほしいと思っている、と仮定するのは傲慢だと感じているわけです。

多くの男性にとって、デートをすることは家を購入する過程に似ています。理想の我が家を探す時、売家を見にいっても買う気がない場合には、後でいちいち電話で報告したりしません。返事がなければ興味がないものと見なされることになっているからです。何度も足を運んで申し込みをしない限り、その家についてあなたがどう思おうが、とくに誰も気にしません。

同様に、男性側から積極的に交際を求め、デートを何度かした後で正式に別れる時は、一般にたいていの男性が電話をしなければならないと感じるものです。でも、なかには上手な別れ方を知らないために、やはり電話をしない人もいます。電話をしなければ、女性に直接ふられた経験をさせずにすむと考えているのかもしれません。なぜなら男は普通、電話をしなければ、スマートな別れ方ができると思いこんでいます。

男は自分の望むことを女性にもしてしまう傾向があります。仮に、女性側が彼とデートをしたくないとします。その場合、たいていの男性が電話で直接断られるのを嫌がります。

彼が何度か電話をすると、一般に女性は「今、忙しいの」とか「人と会う約束があるの」と答えます。そこで彼はあきらめがつくのです。男は彼女から電話がかかってこないからといって、友人たちに愚痴を言いまわるようなことはしません。

でも、女性は彼から電話がないと袖にされたと感じてしまうものなのです。彼が電話をすると言っていた時や、前のデートで彼が別れ話をうやむやにしてしまった時は、とくにそうです。

一般に男性が電話をしないもう一つの理由は、後戻りできない状態に追い込まれたくないからです。電話で正式に別れを告げなければ、将来、自分の気が変わった時、また彼女とデートができると誤解しているのです。男性に迷いがある時は、自分に不利になりそうなことは何もしない、何も言わないようになります。

男性は経験上、女性が何でもよく覚えているということは知っていますが、彼が電話をしなかったことについても、ずっと忘れずにいる、ということには気づいていません。

電話をかけるのを先延ばしにする男性は、
心に迷いがあって後戻りできなくなるのを恐れているのです。

男性が自分の気持ちを決めかねていて、単に電話をかけるのを先延ばしにしている場合もあります。交際を続ける前にじっくりと考えたいのです。というのも、相手をだますことになったり、がっかりさせたくないからです。

男性も時には、この相手とは二度とデートしたくない、とはっきり自覚することがありますが、それでも、彼女をふったり、傷つけたりしたくないと思うものです。男というものは、女性を喜ばせても、失望はさせたくないのです。「楽しかったよ。ありがとう。じゃあ、元気でね」ぐらいのことでも、大半の男性が電話をかける術を知りません。

男にとっては「幸せになってください」とか「もうデートすることはないと思うんだ」と言うのは、あまりにもきまりが悪いのです。とくに彼女から「なぜ?」と聞かれれば、なおさらです。

彼女から「なぜ、私とつきあいたくないの?」と聞かれることを想像しただけで、男は狼狽してしまいます。この手の質問にどう答えていいのかわからないのです。相手を好きになれない理由を並べ立てるなど、もってのほかだと本能的に知っているからです。

女性がどうしてもその真意を知りたいと言うのであれば、友達から伝えてもらうのがいいでしょう。とくに男性側につきあう意志がない場合には、本人が伝えるべきではありません。

彼女から「なぜ?」と聞かれた時は、やはり礼儀正しく「僕は君にふさわしくないと思うんだ」といったことを答え、彼女からあれこれ聞かれても、同じことを繰り返せばいいのです。

　男性は一般にこうしたことを心得ていませんが、これが礼儀というものであり、このひと言で十分です。気の利いたことが言えないのなら、言わなくて構わない。もっと正確に言うと、相手とつきあいたくない時は、ひと言こう言うのが効果的です。

「つきあうには、相性がいま一つだと思うんだ」

　相性の良し悪しは、相手への評価とはまったく関係ありません。マンゴーが好きな人もいれば、きらいな人もいます。マンゴーが好きかどうかということは、マンゴーの本質的な価値とは無関係です。あなたがマンゴーをきらいだからといって、あなたが悪いわけでも、マンゴーが悪いわけでもありません。

「ひかれ合う」というデートの第一ステージにおいて、彼女とつきあいたくないと思ったら、時間を見計らって留守電にメッセージを入れておくのが、もっとも無難な、時に最良の方法と言えます。少なくとも連絡を入れてくれたことに、たいていの女性はとても感謝します。無視されたと感じたり、電話が来るのか来ないのかと思い悩まなくてすむからです。

「心が揺れる」第二ステージでも、つきあいに迷いがある時はメッセージを残すのがいいでしょう。この場合は、「一緒にいて楽しかった。後で連絡するから、しばらく時間が欲しい」といったことを正直に言ってください。

新しい出会いのためにも、「いい別れ方」を

きちんと電話をかけてから別れるのは最低限のマナーであり、今後のためにもなることです。というのも、どのような別れ方をしたかによって、次にどんな人にひかれるのかが決まるからです。

関係を断つにあたり、自分たちの感情をおろそかにせざるを得なかったり、ある種の罪悪感を抱いていたりすると、同じことを繰り返してしまう傾向があります。気持ち良く別れることができれば、理想の相手を目指して新しい一歩が踏み出せるのです。第一ステージや第二ステージでの関係を引きずっていると、次のステージに移るのがさらに難しくなります。もう一度、思い出してください。

ひかれ合うステージとは、まず自分の好ききらいを知り、自分とはどういう人間なのか、自分は何を欲しているのかを学んでいく時期なのです。自分にはふさわしくない相手に対してノーと言えることで、理想の相手を見つけるための決断力を鍛えていくわけです。

ノーと言うことによってまた、自己の感性を磨き、より確かなものにして、長くつきあいたいと思えるような相手にひかれ、興味を持てるようになります。これは女性

にも男性にも等しく言えることです。自分にふさわしくない関係に本当に終わりを告げてこそ、相手を見分ける能力が少しずつ修正されて、理想の相手にめぐり会えるようになるのです。

「できる女」が女らしくなるために――

現代の女性たちは、親の世代とは違う新しいタイプの男女関係を求めています。親密なコミュニケーションと永遠に続くラブロマンスを望んでいるのです。こうしたことをかなえるためには、どうしても今までとは違ったテクニックが要求されます。現代の女性には、優しさや女らしさだけでなく、きっぱりとものを言う潔さが必要なのです。

仕事で成功をおさめた多くの女性が、ビジネスの世界ではっきりと自分の意見を言うことを学んできました。それなのに、なぜ結婚できないのかといまだに不思議がっています。

彼女たちは、押しの強さと女性らしさを両立させる技をまだ身につけていないのです。たいていの女性にとって、これは生易しいことではありません。なぜなら、お手本がないからです。彼女たちが今まで見てきたものは、自己主張の強い父親に母親が合わせる姿か、その逆、つまり、支配的な母親に父親が折れて言いなりになる姿だけなのです。

ほとんどの女性が、有能さと女性らしさを両立させることができません。

親の世代では、女性が男性に電話をするのはタブーでした。女性らしさに欠ける行為と見なされていたからです。

そして、母親からはこう注意されていました。

「あまり優しくしてはダメよ。すぐ言いなりになったり、親切にし過ぎるのもいけないわ。彼から大事にしてもらえなくなるからね」

ところで、これはつくり話ではありません。昔も今も、男が女を追いかける以上に女が男を追いかけまわすと、必ず男は、前ほど彼女を求めなくなります。

女性が彼を喜んで求めてくれている時に、わざわざ自分から、失敗を覚悟してまで彼女を追う必要もないでしょう。

こうして男は、無意識のうちに二人の関係にあぐらをかき、二人の間では受け手にまわってしまいます。彼女の望むことを思いやる代わりに、自分の欲求に目が向いてしまうようになるのです。

彼の態度が急にコロッと変わってしまった時の女性のとまどいは、相当なものです。何しろ、仕事ではうまくいった積極的なアプローチが、デートでは逆効果になってしまったのですから。

女性が男性を追いかけると、彼は無意識のうちに
二人の関係にあぐらをかき、受け手にまわってしまいます。

女性はわかっていませんが、男には、自分が本当にその女性を好きかどうかを知るためにも、彼女を追いかけて射止める必要があるのです。確かに、女性が男性を追いかけて、うまく彼の心をとらえる場合もありますが、往々にして、追いかけた結果は希望どおりにはならないものです。

もっとも、そんな二人が結婚し、彼女が彼を追い求めなくなると、やがて彼のほう

が彼女を喜ばせ、追い求めたいという欲望に駆られる場合もあります。

この場合、彼の彼女に対する関心も高まります。ただし、こうしたことはいつもあるわけではなく、単に彼の興味が失せてしまうことのほうがずっと多いのです。

このような傾向は、デートの時にも見られます。女性が別れる決意を固めようとすると、今までさほど関心を示していなかった男性が、急に未練がましくなるのはよくあることです。その時女性は彼の態度を責めるのです。

プライドを大切にしようと思ってあきらめる決意をしたのに、今ごろになって……そんな男は、自分にはふさわしくないと誤解します。でも本当は、彼が新たに興味を抱くようになったということこそ、大事なチャンスなのです。


女性が別れようとすると、男性が俄然、彼女に興味を示し出す、というのはよくあることです。

種子は適切な条件が揃わないと発芽しません。同様に、男性の女性に対する興味や関心も、女性があまりに強引で積極的だと育ちません。女性が男性を追いかけるのをやめると、男性は自分のなかにある、女性を追い求める欲望に気づくものです。デートの初期段階では、男性が女性にひかれる力はろうそくの炎に似ています。女性側が過度に関心を示してアプローチをかけ過ぎると、その炎は簡単に消えてしまうのです。

デートの五つのステージを体験すれば、無用な賭けをする必要はありません。結婚するまでに、相手はあなたのことを深く知り、好きになり、愛し、しかもなお、あなたにひかれ続けるでしょう。

策をめぐらしたり、無理に背伸びをしなくても、相手はちゃんと関心を持ってくれます。とはいえ、可能性ある二人の関係をこわさずに、女性が男性に電話をかけるテクニックはやはりあるものです。

とくにデートの第一、第二ステージにおいて、女性が電話をすべきかどうかという問題は、二人の行く末に大きく関わってきます。男女の考え方、感じ方の違いをさらに深く学べば、積極性と女らしさを両立させるうえで、選択の幅がもっと広がるはずです。

「むなしく電話待ち」をしないために

一般に、男性が女性の期待に反してなかなか電話をかけてこない場合、女性が動揺する理由は二つあります。第一に、男性は火星から来たため、金星の作法がわからない、ということを女性が本能的に理解していないから。第二に、無気力に電話を何日も待ち続けているから。つまり、電話をかけたいのに、かけないのが原因です。「女性からは電話しないほうがいい」とみんなに言われ、それにうなずく一方で、電話をかけたい自分がいるのです。

理想を言えば、彼がかけてくれるほうがずっといい。そのほうが、自分を特別な存在だと思えるからです。安心を得るために自分から電話をかけた場合は、彼が何を言ってくれても、彼自身がかけたのとは違い、そんなにうれしくはないものです。かと言って、それほど悲観的になることもありません。男というものを理解すれば、道は開けます。電話を待っている時の歩みを早めるのに役立つ選択肢が、二つあるのです。

1 恋愛関係など〝スペシャルデザート〟くらいに考えよう

彼からの電話をいたずらに待つのをやめ、何か活動をしたり、人とつきあうなどして満ち足りた生活を送るようにしましょう。

男ひとりのために、自分の人生を無駄に過ごすなんて馬鹿げたこと。男は、自分の世界をきちんと持っていながら、彼のためにその時間を喜んで割いてくれる女性に、もっとも関心を持ち、ひかれます。

逆に、自分の人生やスケジュールを満たすために彼を求めるような女性には、あまり魅力を感じないものです。男がいちばん心ひかれるのは、彼女がその充実した人生を分かち合うために彼を必要とする時なのです。

恋愛関係など、スペシャルデザートくらいに考えたほうがいいのです。そして、それ以外の友人や家族とのつきあいを、心を満たすための主食としましょう。女性が彼からの電話を待ちわびるようになったら、他の人間関係を通して心の隙間を埋めることに目を向けるべきです。

男性にすべてを求めると、結局は破局を迎えることになります。女性の欲求を何もかも満足させられる男性などいません。彼は可能だと思っているかもしれませんが、不可能です。ましてや、それを期待するなどもってのほかです。やがて彼はプレッシャーを感じ始め、逃げ出してしまいます。

2 女性のほうから電話をかける時はこうすれば大丈夫

彼に電話をかけてみましょう。もっとも、こうしたアプローチではうまくいかなかった、という経験を持つ女性は多いもの。その結果、電話をかけなくなってしまうわけですが、なかには、二人の関係にプラスにはならないとわかっていても、電話をかけ続ける人もいます。「ダメでもともと」と思って行動しているのです。

でも、男性は女性と違うのだということを理解しておけば、男性に電話をかけ、じっくりと話をし、望みどおりの安心を得、二人の関係を進展させることも夢ではありません。デートの後で彼に電話をする時は次の点に気をつけるとうまくいくはずです。

①彼に対して心が動揺している時は電話しないこと

一般に、彼に電話をした際に取り乱すのは感心しません。彼が電話をくれないせいで、どれほど自分が不安な思いをしているか、電話口で訴える女性はたくさんいますが、彼がその気持ちを理解してくれなければ、二人の関係はそれっきりになってしまいます。残念ですが、こんなことでは二人の仲が自然に育つことはあり得ません。

自分が動揺している時は、絶対に彼に電話をしてはいけません。自分の思いを打ち明けたければ、女友達に話しましょう。気持ちを外に吐き出して、彼の本能は女性とは違うということを思い出せば、きっと気分も良くなるはずです。忘れないでください。彼が電話をしないのは、本能的に女性とは違うからです。

②〝芽〟が出たかどうか、そのつど種を掘り起こさないこと

女性が彼から電話のないことを愚痴るように、男性も女性が二人の関係について話

したがることを不満に思っています。

男性は普通、相手をひとりに決めるまでは、二人の関係について話をしたり、明言するのを嫌がります。男はただ、今を大事にし、成り行きを見守りたいのです。種をまくように、二人の関係を育てていきたいからです。芽が出たかどうか確かめるために、そのつど掘り起こすのはよくありません。

でも、女性が望みどおりの安心を得る方法があります。自分が安心するために電話をするのではなく、彼の欲求を満たすために電話をかけてみましょう。

男性が電話で彼女に関心を示し、「一緒にいて楽しかった」と言って安心させてくれると女性がとても喜ぶように、男性も、自分の力で彼女を幸せな気分にしたことがわかれば、元気が湧いて非常にうれしいものなのです。

ですから、電話をしてあれこれ聞いてはいけません。その代わり、ちょっとした思いやりの気持ちを示しましょう。安心させる言葉をかけなくてはならないという義務感を抱かずにすめば、彼は自然に彼女の心遣いに感謝し、女性もそれで十分に自信を取り戻せるものなのです。ここに、してはいけない質問の例をあげておきます。

「他の誰かと会ってるんじゃないの？」

これでは、まるで彼が他の人と会ってはいけないように聞こえます。ひかれ合う段階では、他の人と会うのはいっこうに構いません。もし誰かと会っているのに嘘をつかなければならないとしたら、やがて彼はあなたに対する本当の気持ちがまったくわからなくなってしまいます。デートの第一ステージから、ひとりの人としか会ってはいけないという強迫観念を抱くのはよくありません。

「私ともっと一緒にいたいと思わない？」

ずうずうしいにもほどがあります。いかにも物欲しげで、押しつけがましいと思われてしまいます。彼はあなたとの抜き差しならぬ関係を意識してしまい、気が重くなってしまいます。第三ステージなら、結婚の約束や将来一緒になった時のことを考え始めてもおかしくありませんが、第一ステージではこんなセリフは禁物です。

「一緒にいて楽しかった？　私のこと、好き？」

いずれも「また会ってくれる？」ということを暗に意味しています。これでは、形勢不利になってしまいます。

自分に自信がないため、彼を喜ばせることができたと信じたいわけですが、これには恩着せがましさも込められています。つまり「もし、私といて楽しかったのなら、あなたも私を楽しませてね」ということなのです。男性が女性とつきあう時は、何であれ義務感は一切持ちたくないと思っています。第一ステージでは、縛ったり、縛られたりする必要はありません。

「二人の時間、どのくらいとれる？」

「今週、忙しい？」とか「来週、何してる？」など、あなたは、どのような答えを期待しているのですか？「ああ、時間ならいくらでもあるよ。とくにやることもないし、友達もいないから」とでも、お望みでしょうか？　こんな彼では愛する気にもなりません。それどころか、こんなことを実際に聞いたら、あなたも同じ穴の狢《むじな》と見られてしまいます。

いずれ二人で会うつもりでいることを第一ステージでほのめかすのは、まだ早く、彼は逃げ出したくなってしまいます。これは、彼に対して、すぐに結婚して子供をつくりたいかと聞くのと同じくらい、時期尚早な質問なのです。彼に心の準備ができれば、ちゃんと連絡をくれるはずです。

「いつまた会える？」

これも、厚かまし過ぎます。彼に向かって、カレンダーを取り出してデートの予定を入れてくれ、と頼んでいるようなものです。

③「肯定的な話」をするだけにとどめること

男性に電話をする秘訣は、肯定的な話をすることです。自分の感じたことを彼に話しましょう。ただし、彼の気持ちや感想を尋ねてはいけません。自分が彼といて楽しかったことを伝えればいいのです。とにかく、あれこれ聞くのはやめましょう。質問する代わりに「ご参考までに」といった感じで、当たり障りのない話だけしましょう。こうした話なら、彼の気持ちや意思を無理に聞き出すことにもならず、また、その意図をほのめかすことにさえなりません。いくつか例をあげてみましょう。

「あなたが勧めてくれたあの映画、すごく気に入っちゃった。もう最高！　あのシーンがね……」

「この前の夜は、とっても楽しかったわ。グリーンズ・レストランの食事って、何たって最高においしいわよね……」

「あのショー、すごかったわね。私、ＣＤ買っちゃった。ものすごい迫力だったよね。私の好きな歌はね……」

男の心に直接訴えかけたければ、彼がしたことに対して敬意や感謝の意をあらわしましょう。男は、彼女のために何かしたことでプラスの反応が返ってくると、より愛しさが募るものなのです。こうして、男性の女性への愛が育っていくわけです。

④　彼についてではなく、その日あったことについて話そう

「あの映画、すごくおもしろかったわ……」と女性が言い、それから、その映画について何が良かったのかを話していったとします。

すると、彼はこう思います。

「彼女、映画が好きなんだ。一緒に何かすると楽しい子かもしれないな。こんな子いいな」。彼は彼女を好ましく思います。

逆に、「あなたと一緒に過ごせるのって本当にいいわね」などと言ってはいけません。これでは「あなたも私と一緒にいてよかった？　私ともっと一緒にいたいと思わない？」と聞いているようなものです。

こんな質問をされると、彼は拒絶されたという思いをあなたにさせまいとして、あなたとデートしなくてはならないという義務感にとらわれてしまうかもしれません。あなたをうまく喜ばせたいということは二の次になり、どうやってあなたと別れるかについて考えをめぐらすようになってしまいます。

映画の話なら、彼も二人の時間をもっとつくらなくては、というプレッシャーを感じずに、自由にあなたと接点を持つことができます。あなたが映画を好きだと言えば、彼も話に参加できるのです。

ところが彼のことを好きだと言ってしまうと、彼に残された道は、傲慢になり、僕

は女性にもてるんだとうぬぼれるか、でなければ僕も君が好きだと返事をするしかありません。

こうした成り行きで、好きだという言葉を口にしてしまうことは、二人がまだ出会ったばかりの時には心の重荷になってしまいます。

二人でいなければならないというプレッシャーが軽ければ軽いほど彼の心は楽になり、二人の時間をもっと増やしたいと願うようになるものです。

⑤プラスの感情だけ伝え、マイナス感情は忘れよう

デートについて話す時は、主に良かったと思ったことだけを伝え、否定的な感想は口にしないことです。さもないと気難しい女だと誤解されてしまいます。というのも、男性が女性に興味を持ち、愛情の絆を感じるのは、彼女を幸せにできたと思える時だからです。

女性は一般に、男性のこうしたデリケートさに気づいていません。映画がちっともおもしろくない場合、女性ならこう思います。

「でも、何もかもが無駄ってわけじゃないわ。少なくとも、映画がどんなにつまらなかったかって、二人で話ができるもの」

女性にとっては映画の良し悪しなどはどうでもよく、それについて話すことが楽し

みなのです。女性の愛の絆が深まるのは、相手が彼女の話に耳を傾けて理解を示してくれた時です。女性はデート中に嫌なことがあると、それについて詳しく話をしたくて手ぐすねを引いて待っているものです。

しかし、その時彼がどんな思いをしているか、たいていの場合、ほとんどわかっていません。

⑥忠告などしてはいけません。代わりに相談を持ちかけてみよう

特定の問題に関して自分が助言すれば、とても彼のためになると思っても、頼まれてもいない忠告は絶対しないように気をつけましょう。仮に頼まれても、やはり注意が必要です。男は、女性に対して専門的なアドバイスができる機会を待ち望んでいるものです。自分にも与えるものがあると思いたいのです。

逆に、女性が彼に専門的なアドバイスや助言を与えてしまうと、女性が男性を追い求めるのと同じ結果になってしまいます。

男性はまた、女性が他の専門家の言葉を引き合いに出すのも好みません。これも女性が忠告したのと同じことになるからです。女性が自分の主張を押し通すのに、他の人、もしくは専門家の言葉を借りたりすると、とたんに場がしらけることがあります。

彼がアドバイスを求めたのなら構いませんが、求められてもいないのに他人の言葉

を引用するのは、自分の言葉で助言するよりも悪い結果を招きます。

また、彼に対して女性が本当にアドバイスを求める時は、その受け答えがとても重要になってきます。もし彼のアドバイスが納得のいくものでなかったり、気に入らない場合、彼の顔をつぶさないように気をつけなければいけません。

少なくとも、彼のおかげで助かったという感謝の気持ちを伝えるようにしましょう。男どうしなら本能的にこうしたことは心得ていますが、女性はまずわかっていないのです。

とくに、そのアドバイスを取り入れる気がない場合、女性は気に入らない理由を事細かに説明するのが礼儀だと思いがちです。でも、これでは時間を無駄にしたようなもの。彼はフラストレーションを感じてしまいます。

仮に彼のアドバイスに対して満足がいかなかったり、採り入れるだけの価値がないと思ったら、次のようなことを言えばいいのです。

「なかなかいいアイデアね。こんなこと、今まで考えたこともなかったわ。ありがとう。助かったわ」

「確かにその通りだわ。あなたに話して良かった。違った意見を聞けたおかげで、はっきりわかったわ。ありがとう」

⑦彼に手を貸すのではなく、彼の手を借りるようにしよう

男は、自分が女性の役に立てば立つほど、その女性にひかれるようになります。女性も、男性がいろいろ助けてくれると、さらに心ひかれるようになります。そこで女性は、逆も真なりと勘違いして、自分が彼の助けになれるのであれば、彼がもっと自分を好きになってくれるものと思いこみます。でもこれは誤りです。

確かに、彼が頼んだ時に彼女が助けてくれると、彼も感謝するでしょう。でも女性のほうから手を貸すと、十中八九、裏目に出てしまいます。彼は母親から世話を焼かれたように感じ、息がつまってしまうのです。

一般に、男性が助けを必要とする場合は、ちゃんとそう言います。それなのに女性のほうから助力の申し出をしてしまうと、彼の愛情を勝ち取りたくてしょうがないのが見え見えになってしまうか、彼を侮辱しているかのように受け取られてしまうのが落ちです。

男性は、よけいなお世話はしません。箱を運ぶ男性に手伝いを申し出るのは、彼にはひとりで運ぶ力がないと言っているようなものであり、問題解決の手伝いなどすれば、彼にはひとりで解決する能力がないと見なしていることになるからです。

援助を受けることについて、男はかなり神経質なものです。というのも、できれば自分だけで処理する能力があることを証明したいからです。でも自分でできない時に

は、潔く援助を求めます。

彼に直接、または電話で話をする時には、忠告をしたり、何か援助を受けたほうがいいといった提案をしてはいけません。こうしたことはしっかりと頭に入れておきましょう。でなければ、本当にきらわれてしまうことがあります。彼は馬鹿ではありません。忠告を得たほうがいいことぐらいわかっています。

以前、こんなことがありました。私がトイレの修理をしようとしていた時、私では無理だと察した妻が助け船を出そうとやってきました。しばらくして彼女はこう言いました。

「水道屋さんに電話したら？　プロならどうしたらいいかわかるはずよ」

妻にしてみれば、私がやらなくてもいいことだと、ただ教えたつもりなのです。ところが、こうしたことは女性同士では失礼にあたらなくても、男性間では侮辱行為にあたります。私だって電話すればいいことぐらい、とっくにわかっていました。そんなことは、妻からいちいち言われる必要などありません。私が失敗しようが、ただ見て見ぬふりをして自分の仕事でもしていてくれたらいちばん良かったのです。

女性から男性に電話する時も、こうしたことをよく心得ておくこと。電話で援助を申し出たりしたら、彼を失うことになります。でも彼に助けを求めれば、彼は自分がほめられたように感じるでしょう。

こんな誘い方なら大丈夫

男についての理解を深めると、なぜ男から誘うのがいちばんいいのか、答えが見えてきます。とはいえ、強引にもならず、追う側になる危険を冒すこともなく、女性から彼を誘う方法がいくつかあります。

ロマンチックなデートに誘うのではなく、何かについて彼の助力を求めるか、どこかに行く時に一緒についてきてほしいと頼んでみましょう。あなたの人生がより快適で充実したものとなるようなことを、心を込めて彼におねだりしてみてください。理想を言えば、実用的なことを依頼し、ロマンチックなお願いはやめたほうがいいでしょう。ここに例をあげておきます。

「重たい箱を動かすんだけど、手、貸してね」

「今、論文書いてるんだけど、これ読んで感想を聞かせてほしいの」

こうしたことは、彼とより親密な関係をつくるきっかけとなります。

でも、もっと重要なのは、彼が女性の役に立つことで、その女性にますますひかれるようになる、ということです。次の章では、男性をさらにひきつける心の力学について、より詳しく見ていきましょう。

9章

女がいちばん「女らしく」なる時

……あなたの笑顔は、磁石のように彼をひきつける

女性は男性から見つめられると、何やら胸がときめいたりします。同様に男性も、女性が微笑みや笑顔を返してくれたり、単に間近ですれ違っただけでも、なんとなくドキリとしてしまいます。この漠然とした心の動きには、ちゃんとした理由があるものです。

男性は女性のまばゆいばかりの笑顔に出会うと、自分の男らしさをより意識するようになって心に火がつきます。一方、女性も男性に注目されると、自分の女らしさをより意識するようになって胸を躍らせるのです。

結局、男というものは、自分が男であることを実感させてくれる女性にひかれ、同じく女性も、自分が女であることを感じさせてくれる男性にもっとも好意を感じるのです。異性をひきつける最大の魅力は、互いの性を目覚めさせる力なのです。

女性によって自分の男らしさを自覚した男性は、彼女と親しくなりたいという熱い

思いで体中がいっぱいになります。彼女の求めに応えようと発奮し、向上心にあふれるようになります。彼女のそばにいたい、彼女を知りたいと願い、彼の生活は突如として魔法にかかったかのように意義深いものとなるのです。

彼女を射止めることを想像しては感情が高ぶり、自分だって彼女を幸せにできるぞと自信を持って言うことで勇気が湧いてきます。磁石のように彼女にひきつけられるにつれて、彼のいちばん良い面が彼女の存在によって引き出されてくるのです。

> 異性をひきつける最大の魅力は、互いの性を目覚めさせる力なのです。

彼を「男らしい気分」にさせていますか

男性によって自分が女であることを意識した女性は、刺激を受け、彼に興味をそそられるようになります。心のなかが優しさや思いやりにあふれて感じやすくなっていることに気づき、自分が特別な存在であることに思い及ぶと、心を開き始めます。彼から見つめられ、話を聞いてもらい、求められることを想像しては胸の鼓動が高鳴り、自分の望みがかなうかもしれない、と思うと自信が湧いてきます。

磁石のように彼に引き寄せられるにつれて、彼女のいちばん魅力的な面が、彼の積極的なアプローチによって引き出されてくるのです。

女性のいちばん魅力的な面は、
男性の積極的なアプローチによって引き出されてくるのです。

このように、互いに刺激を受けて最良の自分を目指したいと意識してこそ、デートや二人の関係をうんと充実したものにできるのです。ただし、多くの人にとって、こうしたプラスの感情は成り行きしだい。その気になる時もあれば、ならない時もあります。

そこで、男女が互いにひかれ合う心の力学を頭に入れておけば、デートをすることで相手と親密になりたいという願いがかなうようになるだけでなく、自分のいちばん魅力的なところを発見し、おもてに出すことができるようになります。

なぜ女性には男性の魅力を引き出す力があるのでしょうか。その理由は、まばゆいばかりの女らしさにある、というひと言で説明できます。女性が光り輝いている時は、一般に女らしさの源泉とも言える「自己への信頼感、受容性、敏感な反応」といった三つの特性が顔を出しますが、これこそ男性が女性にもっともひかれる特性なのです。

では、なぜ男性は女性のいちばんすてきな部分を引き出せるのでしょうか。その理由は、男らしい態度にあります。男性が男らしく見える時には、自信、目的意識、責任感、といった三つの特性があらわれますが、これこそ女性が男性に感じるいちばんの魅力なのです。

こうした男女の特性の違いに気づけば、デートがうまくいったり、いかなかったりする理由もわかり、理想の相手を間違いなく自分にひきつけることができるようになります。

「理想の彼」がどうして振り向いてくれないのか

前著『ベスト・パートナーになるために』を読んだ女性のなかには、「私も火星から来たのよ。だから理想の男性をひきつけられないんだわ」と気づく人がいます。私が男性の考え方、感じ方について記す時は、それ自体も、男の考え方、感じ方に基づいています。確かに、女性にも男性的な要素はありますが、それはごく一部です。

でも、こうした役割の逆転は結構あるもので、とりわけ仕事に専念して大活躍している女性に見られます。彼女たちも結婚を望んでいますが、「結婚してくれない彼」とのつきあいをいつまでも続けていることが多いようです。

皮肉にも、こうした男たちの多くが、他の女性にはすぐに振り向いて、さっさと結婚してしまったりするものです。

これから説明していきますが、男性との関係を実りあるものにできるか否かは、自分がどんな人間かということとは必ずしも関係がありません。それよりも、自分のことを相手にどう表現し、伝えるかに左右されるのです。

確かに、火星から来た女性も男性を喜ばせることはできますが、彼のいちばんすてきなところを引き出すことは絶対にできません。彼の男らしさを引き出すには、時間をかけて、意識して自分の女性らしい特性を発見し、発揮していくしかありません。

こうしたことは無意識にできるものではありません。なぜなら、今日の女性は、仕事中は無理をしてでも男性のようにふるまわなくてはならないからです。強い緊張を強いられる職についている人ほど、感情や特性面で女性らしさを取り戻すことが難しいと言えます。

もっとも、自分は火星から来たと思っている女性も、やはり金星人であることには変わりありません。ですから、女性らしい特性を誰もが内に秘めているものです。

それにちょっと目を向けてみれば、眠っていた特性も生き生きとよみがえるはずです。女らしい感情や特性を常に意識し、デートに向けて女性特有のアプローチを実践すれば、そのうちに自分にふさわしい男性をひきつけられる魅力的な女性になれるでしょう。

仕事の「有能さ」を恋愛関係にまで持ち込むと……

したたかで強引で独立心が強く、成功している女性は、理想の男性をやっと見つけても、関係を長続きさせるのに苦労するケースがよくあります。その主な原因は、仕事に成功をもたらすこうした特性が、異性関係においては足枷になるから。

仕事の場では、目的に向かって積極的に突き進むことは成功につながります。でも男性を積極的に追い求めたり、多くの男性とデートしたりする女性には、いつも何かが欠けているものです。しかも、その欠けているものこそ、男性が女性を追い求めたいと感じるのに欠かせないものなのです。

女性が火星人の特質を発揮しても、本質的には何ら悪いことではありません。ですが、時には女性らしさも見せないと、自分の首を絞めることになってしまいます。日常生活のなかでは、有能さと女らしさのバランスをとることが大切なのです。とくに仕事で男性なみに活躍している女性は、自分が女性であることをもっと意識させてくれる人間関係に立ち返るのが、これまで以上にずっと重要になっています。

こうした女性にとっては、デートをしたり、満足のいく人間関係を見つけるのは、他の女性より難しいかもしれません。でも、成功を手にした女性というのは、みな驚くほど柔軟性があるもの。だから、問題点をはっきりと認識して理解し、すぐに改めるようにすればいいわけです。こうした女性の場合、内面的に破綻《はたん》を来しているわけではありません。ただ、彼女のなかに忘れられているものがあるのです。

女性の三つの特性をしっかりと見極め、デートを通じて、その特性を伸ばしていくようにしましょう。そうすれば、仕事と人間関係の両方ともうまくいくようになります。したたかで、ものをはっきりと言える女性はとても魅力的です。その能力を女性らしい方法で発揮できるようにしましょう。

女性の三つの特性に目覚め、それをデートのテクニックとして応用する女性は、同じ結果が得られるようになります。彼のいちばん良い面を引き出せるだけでなく、今まで以上に自分のことが好きになり、楽しい時間が過ごせるようになるのです。

デートの新しいテクニックを知ると、自分がしてきたことはすべて間違いだったと感じる女性が時々います。でも、過去の失敗にとらわれていてはいけません。忘れないでください。今やあなたは、これまでのうまくいかなかったデートの方法を変えていく絶好のチャンスを手に入れたのです。

今まで何がいけなかったのか、そして、それについて自分はどうしたらいいのか、ちゃんと見極めなければなりません。こうしたテクニックのなかには、これまであなたが男性と接してきた時のふるまいとはかけ離れていて、違和感を覚えるものがあるかもしれません。けれども、ともかく試して役に立つことを確かめてみてください。

なぜ、あの女《ひと》は魅力的なのか――信頼感のある女性

男性を意のままに操れる特別な女性がいます。どうしたら、彼女みたいになれるのかしら、と不思議に思っているのではないでしょうか。何しろ、男性が彼女の希望どおりに動くのですから。

こうした女性は、魅惑的で絶えず信頼感にあふれています。彼女たちは自分に自信があるのです。自分を大事にし、まわりの人間も彼女を大事にしてくれるものと思っています。人がみんな自分を愛してくれ、喜んでサポートしてくれると信じているので、孤独を感じたりしません。友人や家族、そして男性によって支えられているとい

う実感があるのです。多少の例外はあるでしょうが、彼女にはほとんどすべての男性が好ましく思えるのです。

こうした女性は、驚くべき美声を持って生まれた歌手のように、自己への信頼感を持って生まれてきたのです。でも、たいていの場合は、こうした信頼感も伸ばして磨いていかなければなりません。これは潜在的に女性に備わっているものですが、おもてに出して鍛える機会が必要なのです。

自己への信頼とは、自分の望みはかなう、今この瞬間もその実現に向かっているのだ、と信じる心構えのことです。これはいわゆる自信とは違います。自信とは、たとえ人の助けが得られず、自分ひとりでやらなくてはならない時でも、必ずそれはできると信じることです。

いっぽう、自分を信頼している場合には、誰かが喜んで手を貸してくれるものと思っているので、すべてをひとりで、と気負う必要はありません。自信過剰で独立心の旺盛な女性は、自分を助けてくれる人などいるはずがない、と思いこんでしまっているようです。

そのため、ひとりですべてを背負いこむことになってしまうのです。こうしたことを改めて意識してみてください。そうすれば、人に心を開いてサポートが得られるようになり、孤立無援になることはなくなるはずです。

女性が、信頼感に溢れた他の女性に会うと、その女性がこうした信頼感を持てるのは、男性からサポートを得ているからだと考えます。一理ある意見ですが、本当は逆なのです。女性が自己を信頼しているからこそ、サポートが得られるのです。相手から相応に尊重され、必要なサポートが得られ、自分にはそのサポートを得るだけの価値がある、と女性が信じてふるまい、彼のサポートに感謝していれば、自然に彼のいちばん良いところを引き出せるのです。

男の〝達成感〟は女性を幸せにすることで得られる

男性が積極的な興味を示すのは、欲しいものを追い求めている時。男性は女性を幸せにしたいという望みがかなうにつれて、自分も幸せを感じます。達成感を得るといっそう見返りを期待するようになり、さらに女性への関心が深まります。彼の心に火をつけるのは、彼のおかげで幸せ、という女性からのメッセージなのです。

二人の仲に進展がある限り、彼は幸福を感じます。二人の関係がうまくいくようにと願う男性にとっては、女性が自分の望みはきっとかなうはずだと信じていることが大きな賛辞となります。

女性が自分を信じていれば、より魅力的に見えるだけでなく、男性の関心をつなぎとめることにもなるのです。たいていの女性は気づいていませんが、男性は、現在自分が手にしているものよりも、いずれ手に入る可能性のあるものに対して関心を抱き続けるものなのです。女性が自分を信頼していれば、男性はさらに自信を持ち、成功への期待に胸をふくらませることになります。

男性は、現在自分が手にしているものよりも、
いずれ手に入る可能性のあるものに対して関心を抱き続けます。

こうした男女の違いを認識していない女性は、何としても彼の愛情を手に入れなくてはならないと勘違いします。自分には彼から愛されるだけの価値がある、と信じる代わりに、彼を喜ばせて彼の愛を勝ち取らなくてはならない、という衝動に駆られるようになるのです。

ところが、女性のほうから男性の愛を得ようと考えたなら、必ず彼を失うことになります。女性の愛を勝ち取るのが男性の役目であり、彼にその機会を与えるのが女性の役目なのです。こうした男性気質そのものを理解すれば、心が解き放たれて、自分をもっと信じられるようになります。

女性は、彼のご機嫌をとって彼の欲求を第一に満たすことができれば、彼からさらに喜ばせてもらえると思いこんでいますが、これは誤りです。こうした女性は、彼を喜ばせることができるという確信を持っているため、自信があるのかもしれませんが、これは自分を信頼するのとは違います。どんなに彼を喜ばせようとしても、彼からの永遠の愛はけっして得られません。

でも、逆に男性のほうが女性をうまく喜ばせることができた場合には、それこそ、もっともっと彼女を喜ばせたいと男は思うようになるのです。

彼はなぜ〝つまらない男〟になってしまうのか

男性は女性から関心を寄せられると、自分こそが彼女を幸せにできる男だと思います。自分のおかげで彼女がとても幸せそうに見えると、彼の魅力的な面があらわれてきます。でも、女性側がお返しをしなくてはならないと義務感を抱き始め、彼を幸せにすることに気をとられるようになると、その魅力の大部分が失われてしまいます。

二人でデートをして楽しい時間を過ごしたのに、次の日になったら彼がつまらない男になっていた、とこぼす女性がよくいます。関心を示してくれていた彼が、翌日にはよそよそしくなり、彼女に無関心になってしまうのです。

「自分の欲しかったものが手に入ったから、興味が失せたんだわ」と彼女たちは不満を口にします。女性が男性に不信感を抱き、捨てられたと感じるのは当然です。

でも、こうした女性は自分にも責任があることを理解していません。女性が彼から得られる以上のものを彼に与えてしまったり、自分の欲しいものを全部もらう前に、自分からすべてを与えてしまうと、自ら失望を招くことになるのです。女性が自己への信頼感をなくし、男性の欲求を満たす側にまわると、二人の関係は続いても、前とは変わってしまいます。彼の彼女への興味がだんだん薄れていってしまうのです。

また、女性から、「私の望みはあなただけ」「あなたといるだけでうれしい」「私は何もかも満足している」「あなたはそのままで私の理想どおり」と言わんばかりの反応が返ってくると、確かに男は喜びます。こうした反応は男心をそそるものなのです。

でも、彼が女性の要望を実際には満たしていないのに、すべてを満たしているかのようにふるまってしまうと、翌日になって彼女が物足りなさを感じ始めた時、彼のほうも、なぜか彼女への興味が冷めてしまうものなのです。

〝素顔の自分〟がいちばん美しく見える時――

男性は、女性が自分の前で心を開いて素顔の彼女を見せてくれるのを好みます。彼に言わせると、自分とは違うところを持っているから、彼女がとても魅力的に見えるのです。本当の自分でいるからこそ、彼女は自らの女らしい輝きを放つことができ、彼も炎に蛾が集まるように、彼女にひきつけられるのです。

彼女が等身大の自分でいることができ、自由に何でも言えることで安心してくつろいでいると、彼の心に火がつきます。彼女が彼の前でありのままの姿を見せてくれると、彼も彼女といる時は、そのままの自分でいられると思えるのです。

女性が、愛されるためには本当の自分以上に背伸びをしなくてはならないと思っていると、魅力が半減してしまいます。これでは彼女の本来の輝きを消してしまうだけでなく、彼も彼女に受け入れてもらうためには自分を変えるよう期待されていると解釈するからです。

なぜ、あの女《ひと》はしなやかなのか――受容性のある女性

女性をもっとも魅力的に見せる第二の特性は、その受容性にあります。

女性のなかには、デート中のいろいろな状況をさらりと切り抜けられる人もいれば、融通が利かずに立ち往生してしまう人もいます。

確かに、柔軟性を身につけた人は、相手に合わせ過ぎると誤解されるかもしれません。けれども、それが受容性から来るものであれば、事情はまったく異なります。

女性が言いなりになる時には、彼を喜ばせたいばかりに自分自身や自分の希望を捨

ていることがあります。この特性は悪いものではありませんが、あまり言いなりになっていると、我慢も限界を超えて、自分の希望が聞き入れてもらえない時など彼に対してカッとなってしまう恐れがあります。

受容性のある女性は、自分の得たものをそのまま受け入れます。それが少ないからといって憤慨することはありません。より多くを期待し、少ないと腹を立てるようになったら、もはや受容性があるとは言えないのです。

今ある状況のなかで与えられたものをすべて受け入れることのできる能力、これがあると、どんな状況においても何か得るところ、プラスになるものを見つけることができます。

たとえば、彼から電話がかかってこなくても、「きっと忘れているだけだわ」と素直に信じることができます。でも、受容性のない女性なら、こう思うでしょう。

「そんなの、負け惜しみを言ってるだけよ。信じられない。私なら、自分がつきあうつもりでいる人からは、電話をもらいたいわ」

受容性があれば、物事が思いどおりにいかなくても、こんなふうに心を閉ざしたりはしないのです。受容性があると、イエスだけでなく、ノーと言うこともできます。自分の欲しいものや好きなもの、ありがたいと思えるものはすぐに受け入れられますが、望まないものについては、はっきりと断ることもできるのです。

ただ、言い方にはちょっとした注意をしましょう。たとえば、彼にキスするのはいいけれど、それ以上は嫌、ということがあります。「これ以上、肉体関係を求められるのは嫌」と彼に伝える時には、「キスならいいわ」という言い方をするのです。そうすれば、彼の関心をつなぎとめることができます。「いつかは許してもらえるはずだ」と彼が思えればいいのです。

期待をかけられて嫌気がさす時――

男が自発的に何かを与えようと思っている時は、達成感が得られるものです。与えたいと思うのは彼の意志であり、彼女をうんと幸せにしたいからなのです。けっして彼女に借りがあるからではありません。でも、相手から期待をかけられると嫌気がさしてしまいます。

女性からかなりのものを受け取ってしまうと、男性は与えなくてはいけないという強迫観念にとりつかれ、与えることに喜びを見出せなくなります。借金を返すために働くのと同じだからです。そのうえ、女性が受容の気持ちを忘れると、男性のくれたものより多くを望んでしまいます。

いつも支えてくれる彼にサポートを期待するのは構いません。ただし、この場合は過去の経験に照らして期待をかけるのであって、「彼は私に借りがあるのだから、当然、サポートしてくれるはず」というのはいただけません。

無理に〝合わせない〟ほうがうまくいく――

女性が男性を受け入れるということは、必ず彼の意見に賛成するということではありません。「男や男の発言なんかに怖気《おじけ》づくような私じゃないわ」といったことを伝えておけば、仮に二人の意見が真っ向から対立することになっても男は気にしません。実際、女性が反対意見を陽気に言ってくれると、男は結構好ましいと思うものです。

彼にはこう言ってみたらどうでしょう。

「私が違った意見を言っても、あなたは平気だって信じてるわ。私だって、今のあなたのままでいいと思ってる。だから、私に合わせなきゃいけない、なんて思わないでね。今でも好きよ。こんな話ができて良かった。違う意見が聞けて、とても刺激になったわ」

こんなメッセージなら、彼の耳にも心地よく響くはずです。

男は一般にここまで寛大になれる――

彼の意見に同意できない時でも、彼をまるごと受け入れてあげれば、彼は安心できます。男と女には違う点がたくさんあることを、男は本能的に知っています。女性がこうした違いを積極的に受け止めてあげると、男性はそのままの自分で、のびのびとしていられるのです。好かれ愛されるために、女性に合わせる必要がないと思えば、彼は心を開いてくれます。

お返しに、彼も彼女の個性や違いを認め、それなりに彼女に深い関心を示し、敬意を払ってくれるようになるでしょう。二人の違いについてプラス思考で寛容な態度で臨めば、互いの魅力にさらにひきつけられるようになるものです。

男性は一般に、女性が自分と違うことについてはとても寛大です。彼女のものの見方が違うからといって拒絶するのは、自分が不当にののしられたり、責め立てられたと感じた時ぐらいです。違いを責められたり、批判されたと思わない限り、彼女の生き方をさらにしっかりと受け止めて、喜んで妥協点を見つけてくれるものです。

なぜ、あの女《ひと》の笑顔にひかれるのか——敏感な反応を示す女性

女性をもっとも魅力的に見せる第三の特性は、敏感な反応にあります。

男は女性が笑顔を見せてくれると喜びます。それも、自分の力が影響していると思えるとうれしいものです。

男は、自分には彼女を幸せにする力がある、というはっきりとしたメッセージを受

け取った時に、もっとも熱心に女性を追い求めたくなります。彼女を幸せにできそうだ、と思うと本当にエネルギーが湧いてくるのです。

上手に応えるための秘訣は、嘘がないことです。男性が女性に対して喜びも感動も満足も与えていない時に、女性がうれしそうなふりをしたり、わざとらしく喜んだり感心して見せたり、あるいは満足したふりをしても、彼の目はごまかせません。結局、小細工をしたように思われてしまいます。彼女自身が喜ぶことによって彼を喜ばそうとしているのが、彼にはわかるのです。もっとも男心をそそるのは、女性の敏感な反応に嘘偽りがない時なのです。

確かに女性は、自分が楽しそうにしていると彼が喜ぶことに気づいていますが、演技しないように気をつけなくてはいけません。

ただし、デートの第三ステージまでは、否定的な反応は抑えること。男性が女性を感動させるのに全力を尽くさなくてはならないように、女性も打てば響くような自分を見せなくてはなりません。

男性が否定的な反応を示している時に、同感ね、と言うのは構いませんが、やはり注意が必要です。というのも男は、彼女の肯定的な反応によって、二人の関係における自分の貢献度をはかるからです。

男心がそそられるのは、女性の敏感な反応に嘘偽りがない時です。

うれしくない時は、反応しなければいいのです。好ましい反応がないと、彼には自分が役に立たなかったことがはっきりとわかります。

たとえば、彼が連れていってくれる映画があまりおもしろくない場合でも、否定的な反応などする必要はありません。その代わり、淡々とした調子で話題をもっと前向きなものに変えてしまいましょう。

彼があなたを満足させようと何かしてくれた時は、毎回プラスの反応だけを示せば、それが励みになって、彼はますますあなたを追い求めるようになります。

ちょっと見方を変えるだけで〝男が立つ〟

これは私が船で旅行中のことです。温水浴槽（ジャグジー）に浸っていると、独身の若いカップルがなかに入ってきました。二人はミコノス島を旅行してきたというので、私はいろいろと話を聞きました。その後、彼女のほうが私やほかのみんなを相手に、彼らのトラブル体験を詳細に話し始めました。

「私の彼、ビルって言うんだけど、ビルが言い出したのよ。モーターバイクを借りようって。でも、町を出たとたん、私のがこわれちゃって。ほとんど丸一日、立ち往生よ。彼ったら、パニックになって怒りまくってるの。結局、引き返して、その日はずっとビーチにいたのよ」

彼女が話をしている時、彼はきまり悪そうに小さくなっていました。その場にいた他の女性たちはあれこれ質問していましたが、彼がどんなにバツの悪い思いをしていたか、ひとりとして気づいている人はいませんでした。さらに多くの人たちが出たり入ったりするなかで、彼女は同じ話を延々としていました。

当然、彼はさっさと立ち去り、その後の二人は冷戦状態。恥をかかされた彼は、もうかんかんに怒っていたのです。

私は話を聞きながら、彼女がもうちょっと違う話し方をしてくれていたら、彼の顔も立ったろうにと思いました。彼女には悪気などないのですが、ただ、男性のデリケートさを理解していなかったのです。

彼女はこう言うべきでした。

「私たち、すごい体験をしたのよ。ミコノス島はとっても美しい島で、ビルがモーターバイクを借りようって言い出したの。私も、これはいいアイデアだって思ったわ。彼がね、何もかも手続きしてくれて、万事うまくいったのよ。でも町のはずれまで来たら、私のバイクがこわれちゃったの。もう私たち、困っちゃって。私、どうしたらいいか、わからなかったわ。でもビルは偉いのよ。大丈夫だからって慰めてくれて、通る車一台一台に乗せてもらえるよう手を振ってくれたの。おかげで無事に戻れて、ビーチですてきな時間を過ごすことができたのよ。最高に美しいビーチで、水がすごくきれいだったわ」

これもまた全部本当のことで、彼女の気持ちも正確にあらわされています。ただ意識的に、彼の行動のプラス面だけに焦点を当ててみたわけです。

いかに女性が知らず知らずのうちに男性をうんざりさせているか、もう一つ例を見てみましょう。

以前、私が妻とのデートで映画館に入ろうとした時のこと。近くにいたカップルの会話がふと聞こえてきました。二人がつきあい始めてまだ間もないのは明らかで、彼は彼女のご機嫌をとろうと一生懸命になっていました。会話の終わりの部分を耳にしただけですが、何が起こったのか予想はつきました。

彼らは映画の途中で抜け出してきたところだったのです。彼は彼女がこの映画を気に入ってくれると確信していたようですが、何らかの理由で彼女は気に入らなかったのでしょう。彼女から「こんな映画、大きらい」と言われている時の彼は、身も心もぼろぼろといった感じでしょぼくれていました。

すれ違う時、次のような会話を小耳にはさみました。

「じゃあ、君はどうしたいの？」

「そうね、ここに立っていて、みんなに教えてあげるわ。これがひどい映画だってこと。こんな映画、つくる人の気が知れないわ。ただ恐いだけじゃない。こんなもの見ないほうがいいに決まってる」

さて、この女性は彼をこきおろそうと思っているわけではありません。彼女の言葉を彼がどうとらえているか、まるでわかっていないだけなのです。彼はけなされたと感じたうえに、完全に打ちひしがれていました。

この時の彼の気持ちを彼女が理解していたら、映画に対する不満をその場でぶちまけるようなことは、まずしなかったはずです。

女性を楽しませ、満足させることができるとどれほど男性が喜ぶか、わかっていない女性がたくさんいますが、うまくいくと天にも昇る心地がするものです。理由は何であれデート中に彼女がうれしそうにしていると、男性は自分が手柄を立てたような気分になります。

でも残念ながら、女性が敏感な反応をすると悪い結果を生む場合もあります。女性が映画の批判をした場合は、男は大なり小なり自分の問題として受け止めてしまうからです。

つまり、彼女が拒否反応を示したのは、彼が書いたつもりになっている映画の台本ということになるのです。レストランのサービスに対して苦情を言えば、彼自身に対する文句のように受け取られてしまうのです。

こうしたことを知らないばかりに、男性のロマンチックな気分をぶちこわしてしまうことだってあり得ます。

デートの時は、プラス感情だけをおもてに出すようにしましょう。そうすれば、二人がひかれ合う力が自然に育ち、花開くこと受け合いです。

「この前の夜はとっても楽しかったわ。あのバンドすごかったわね……」といった話をする時は、「トイレで三十分も待たされたわ」とか「目の前で煙草を吸っていた男、何て嫌なやつなの」といった不満は言わないように気をつけましょう。

プラス面だけに目を向けてマイナス面に目をつぶると、話題が少し減ることになりますが、彼の興味はつなぎとめられます。その後で、否定的なおもしろ話は女友達にするといいでしょう。女性の友達なら、あなたの話を理解し、喜んで聞いてくれ、彼女たちも自分の話をするはずです。

女性の感謝が男心をいちばんそそるのです

女性の生活に影響を与えることができる、もしくは与えている、といった経験の積み重ねは、男にはとても重要です。自分が必要とされ、感謝されるたびに、男は二人の関係のなかで達成感を見出します。ほんの小さなことでも自分がしたことに女性が反応してくれれば、彼女への愛情が深まり、さらにひかれるようになります。

女性が、自己への信頼感、受容性、敏感な反応といった女らしさの三つの特性を活かして男性に応えられるようになれば、男心をもっともそそる女性になれます。男性があなたをさらに愛しく思うようになるだけでなく、このように意識して自分を表現することで、自分自身もさらに幸せになれるのです。

10章

なぜ、結婚までたどりつけないのか

……あなたの頑《かたく》なな態度、「問題あり」かもしれません

世の中には結婚したいのにしていない女性がたくさんいます。

「なぜ、いまだに私は独身なのかしら？　どうして結婚してくれる男性が見つからないの？」と彼女たちは首を傾げています。こうしたことは、容姿や性格、出世の度合い、独身男性とめぐり会う機会の多少とは関係ありません。問題は、まさに彼女たちの男性へのアプローチの仕方にあるのです。

こうした女性は、男性からのアプローチを待つ時の姿勢からして間違えています。かなり物欲しげな男を思い浮かべただけで不愉快になるため、男を必要としないよう、かなり気をつけています。男が必要かと聞かれれば「必要ない」と胸を張って答え、なかには「必要」という言葉を口に出すのさえ嫌と言わんばかりの人もいます。

彼女たちの声をいくつか拾ってみましょう。

◁男性を遠ざける女性の声▷

○男なんて必要ありません。でも人生には彼がいてくれたほうがいいと思います。

○必要はないわ。でも、いても悪くないわね。

○自分のことは自分でできますから。ただ、必要だからというのではなく、私が選んだという意味で、彼と一緒にいたいですね。

○いりません。父親は二人もいらないでしょ。

○困ってないもの。ただ、恋愛はしたいわね。

○だいたい何で男が必要なわけ？　自分で何でもできるのに。私はただ一緒にいてくれる人が欲しいの。

○だって私、今、幸せだもの。ただ、一緒に結婚式やらパーティーや映画に行ってくれる人がいればいいわ。

こうした答えはなかなか筋が通っていて前向きですが、このような心構えでは、男性をひきつけることはまずできないでしょう。少なくとも、結婚しようと言ってくれそうな男性の気を引くことは不可能です。こうした女性たちは、他人に頼らず自分の信じる通りに行動することが、男性に対してセールスポイントにはならない、と知ると驚きをあらわにします。

彼女たちは、経済的に自立すれば、さらに魅力が増すと思いこみ、自立することに長い年月を費やしてきたのです。それなのに突然、男を必要とせよ、と教えられたわけです。男性には自分が必要とされていることを実感する必要があり、彼らがもっともひかれるのは彼の援助を必要としている女性である、などと急に言われても、初耳なので面くらってしまうのです。

混乱した頭を整理するためにも、女性にはなぜ男性が必要なのかを心から理解し、上手に自分の気持ちを表現する方法を学ばなくてはなりません。

ロマンスは自立した女にこそふさわしい

現代の女性は自己責任能力が高いため、なぜ男性を必要とするのか、はっきりとした理由を見つけられません。昔の女性なら、男性の庇護《ひご》と物質的な援助を必要とするのは、当たり前のことでした。自分にも、友人にも、世間にも、何の気兼ねもなく「男が必要だ」と宣言できたのです。

でも今日の女性は、自分のことは自分でできます。昔のように男性の手を借りる必要などありません。ですから、男を必要とすることはカッコ悪いのです。

結婚への道を開拓したければ、まず何のために男性を必要とするのか、はっきりさせておきましょう。女性が経済的に自立すればするほど、特定の男性からの愛情、友情や精神的な支えがどうしても必要となります。今日の女性は心から燃えられるものを渇望していますが、それは上手なコミュニケーションと恋愛だけが与えてくれるものなのです。つまり、心の糧《かて》と安らぎが欲しいからなのです。経済的に男性に頼る必要がなくなるにつれ、女性は男性から恋愛の対象として注目され、愛されることをますます求めるようになりました。もちろん、物質的な援助を男性に依存する道を選んだ女性であっても、異性からの熱烈な愛を必要としています。

この三十年の間に、女性の考え方は大きく変わりました。今やロマンスはこのうえなく大切なものなのです。

女がいちばん〝満ち足りた気分〟になる時

男性が女性に車のドアを開けてあげるのは、女性が開けられないからではありません。女性が自分でできることぐらい男性もわかっています。こうすることによって、彼女に愛情を示しているつもりなのです。

「君がどれだけ僕に与えてくれたかよくわかっているよ。今晩は、僕がお返しをしてあげる。君は特別な存在なんだ。僕にとって君がいかに特別か教えてあげるよ」

こうしたメッセージをデートの時に何度も受け取ると、女性は緊張が解けて輝き始めます。幸せを感じ、満ち足りた気分になるのです。

では、なぜそんなに満ち足りた気分になるのでしょうか。それは心から求めていたことがかなえられたからです。心が和み、守られているように感じるのも同じです。これこそ彼女が望んでいたことであり、彼のほうも彼女の望みがかなえられてうれしくなります。長い一日が終わった後、女性たちは山のように要求を抱えているものです。今時の女性たちが何を望んでいるのか、ここにリストアップしてみましょう。

◁女性の望み▷

- 私を思ってくれる人に見つめられたい。
- 私の要求を喜んで引き受けてくれる人の助けが欲しい。
- 他のみんなの要求を考えないですむ時間と、私のことを優しく思いやってくれる人が欲しい。
- 私の好みを理解して、私がいちいち考えなくてすむような計画を、誰かに立ててほしい。
- 私の要求を察してもらい、頼まなくても手を貸してくれる人が欲しい。
- 誰かに注目され、愛され、憧れの的になりたい。

○私がいないと寂しいと思い、私を欲してくれる人が欲しい。
○自由に相手を愛し、相手からも愛されるという確信が欲しい。
○私の健康を気遣い、苦労を理解し、気持ちに共感してくれる人が欲しい。
○話を打ち明けられるような信頼できる人で、秘密を漏らして私を失望させたり、信頼を裏切ったりしない人が欲しい。
○孤立無援にならないように一生助けてくれる人が欲しい。
○情熱的に愛し合える人が欲しい。

女性の望みはこれだけではありません。こうしたことが、肉体、感情、心、魂のすべての面で相性のよい人によって実現するのを望んでいるのです。このような希望は、飲んだり、食べたり、呼吸したり、雨風を避けるといった生きていくのに必要不可欠なもの、というわけではありませんが、精神的な充足感を高めるのに必要なのです。

生きていくため、といった低次元の欲求が満たされると、愛や親交を求める、より高次元の欲求が強くなってきます。たとえば、お腹がすいてたまらない時は、食べることで頭がいっぱいになりますが、いったん、お腹が満たされてしまうと、今度は他の欲求が大事になります。女性が経済的に自立すると、心を満たすために、より次元の高い欲求を無性に感じるようになるのです。

そんな時、男性が女性の世界に足を踏み入れてサポートを申し出れば、その助けそのものだけでなく、助けを買って出てくれた彼の気持ちに彼女は感謝します。自分はこの世でひとりぼっちじゃないんだという思いが、急に込み上げてくるからです。

男性が女性に対して、目に見える具体的なことをしてあげると、女性が心の支えを感じるだけでなく、男性のほうも達成感が得られるものです。

「女は無力だから受け身」というわけではありません

デートのルールには、男性が与える側、女性が受ける側、という明確な役割分担ができています。というのも、女性をリラックスさせ、男性が女性の欲求をかなえる、という狙いがあるからです。男性が女性の欲求を満たし、女性がありがたく受けとる、という何よりも重要な役割分担をいっそう強化するわけです。

その結果、男性はさらに自信に満ちあふれ、目的意識を持ち、責任感を抱くようになり、いっぽう、女性はさらに自己を信頼し、受容性が高まり、相手に敏感に応えるようになるのです。

デートのルールに従えば、相手のいちばんすてきなところを引き出すのに役立ち、ひいては自分の長所を引き出すことにもなります。

こうした心得がないため、デートにルールがあるなんて不愉快だと思うカップルもいます。女性の価値を低くして、女性とは無力なものだと言われているように感じてしまうのです。このようなルールを奨励すると女性はひとりでは何もできないという誤解が助長されると心配されるかもしれませんが、けっしてそんなことはありません。

男性が女性のためにドアを開けるのは、彼にとって彼女は特別な存在だから。彼女ができるだけ快適な夜を過ごせるようにしたいのです。たとえば、家に大事なお客様が来た時は、礼儀正しくドアを開けたりします。だからといって、その客が無力だとか無能だとか言っているわけではないでしょう。

男性が女性に食事を奢るのも、彼が彼女より稼ぎがいいとか、彼女に支払い能力がないからではありません。それが男の喜びなのです。女性は一日中、大勢の人に与える立場にいます。そこで、特別な夜ぐらいは男性が女性に与えたいのです。与えることは、まさに男の快楽なのです。

ただし、一対一でつきあうようになったからといって、彼がいつも奢ってくれるというわけではありません。でも、彼が彼女を特別なデートに誘った時は、彼が払います。時には女性が支払いを申し出るのもいいことですが、普通の場合、男としては断わるのが賢いやり方です。

この恋愛のルールを聞いて、女性がいかにも無力で物欲しげで男性に依存している、と思いこんでいる人たちは、男性が女性に何かを与える時の本当の気持ちがわかっていません。こうした人たちは、もし女性が男性のサポートを受け入れたりしたら、性的な意味でのお返しをしなくてはならなくなると誤解しているのです。

このような誤った考えを持っているせいで、なかなか理解しにくいのかもしれませんが、男性のプレゼントを受け入れたことで、女性はすでに男性にプレゼントしたことになるのです。

こうした心の力学を理解するには、男女における感情面での満足感の違いを知っておくことがとても大切です。

男性と女性では、喜びを感じる対象が同じとは限りません。どんな時に不快感や不満を抱くのか調べれば、喜びを感じるのはどんな時か、目から鱗《うろこ》が落ちるようにわかるはずです。男女が落ち込む時の原因の違いを探ってみると、いかに男と女では望んでいることが違うかよくわかります。

「女の孤独」と「男の自立」とは質が違う

女性は主に孤独感にさいなまれた時に落ち込みます。女性がもっとも自分を不幸せだと思うのは、助けてくれる人がひとりもいなくて、何もかも自分ひとりで処理しなくてはならないと感じる時なのです。このように、自分や他人の責任をすべてひとりで抱え込まざるを得ない状況が、女性を落ち込ませる原因になります。

女性が落ち込む主な理由は孤独感です。

皮肉なことに、男性の場合はこの逆となります。男性は、自分が自立していると感じると自己満足を覚え、人のために何かしてあげられると思うと、さらに自分をほめてあげたくなります。人から必要とされればされるほど、喜びを感じるのです。男は自分が役に立つ存在であると思いたいのです。ある意味では、使われるのが好き、ということです。それなりの報いが得られる限り、男は使われることによってもっとも心が満たされます。責任を背負い、与え、感謝され、報われれば、最高に幸せなのです。逆に、女性の場合は、こき使われると落ち込んでしまいます。

よって、男性が主に落ち込むのは、自分が必要とされていないと感じる時なのです。そこで、職を失ったり、何もすることがない時などは、ますます落ち込むことになります。自分の申し出が必要とされない時も、がっくりときます。

というわけで、感謝されるというのは男性にとって、とても重要なことなのです。必要とされていると実感できれば、男は自信がつき、目的意識が旺盛になり、無意識のうちに責任感も強くなります。

必要とされることで、男性のもっとも魅力的なところが引き出されるわけです。こうしたことが男性にとっていかに大切か、女性は本能的に理解しません。確かに、女性も感謝されたいとは思っています。けれど男性の場合は、自分のしたことが感謝されないと、必要とされているという実感が湧かず、目的意識も消えてしまうのです。

自分や相手の生活を十分にまかなう自信がない時も、男は憂うつになります。男の落ち込む原因がつかめれば、なぜ男性が女性を必要とするのか理解しやすくなります。ここに男性が何を望んでいるのかを、いくつかリストアップしてみましょう。

◁男性の望み▷

- □僕の努力を認め、与えたことについて感謝してくれる人が欲しい。
- □達成したことを誰かと分かち合いたい。
- □彼女の欲求を満たすチャンスが欲しい。
- □そのままの自分を誰かに受け入れてもらいたい。

❑引っ込み思案の自分を積極的にさせてくれる人が欲しい。

❑自分が与えられるものについて誰かに信頼され、頼りにされたい。

❑いちばんいい自分になれるよう、誰かに励ましてもらいたい。

❑自分を心底好きになってくれる人が欲しい。

❑自分といることで喜んでくれ、応えてくれる人が欲しい。

❑自分の計画や提案を受け入れてくれる人が欲しい。

❑自分のしたことやしようとしたことについて、感心してくれる人が欲しい。

❑間違いを犯しても、許してくれる人が欲しい。

❑我慢強く、力持ちで寛大、親切、献身的で義理がたい。自己主張が旺盛で同情心に厚く、勇気があって、頭が良く、ユーモアがあっておもしろい、といった自分のもっとも良い資質を評価し、認めてくれる人が欲しい。


簡単に言えば、男には仕事が、女には自分のために働いてくれる人が必要なのです。男と女はともに違う欲求を抱えていますが、相互に補完でき、まさにぴったりフィットする関係にあるのです。こうした違いに気づけば、男と女にとって何がいちばん大事なのか見極めがつき、なぜ恋愛のルールがそんなに重要なのかが明らかになります。

このルールに従えば、男性は自分が必要とされていることを実感し、女性は与えるという重荷から逃れることができるのです。

〝強い女〟は男心をくすぐらない？

女性がひとりで与える側にいると、たとえ感謝され、それなりの報いがあっても、本来の自分の欲求が満たされなくなってしまいます。成功している女性たちのなかには、うつ病にかかって薬物治療やカウンセリングを受けている人がたくさんいます。うつ病の原因は、必要とされていないからではなく、必要なことが満たされていないからなのです。

たくさん与えてしまう女性には、何の非もありません。与えることは愛情表現であり、けっしていけないことではありません。問題は、見返りとして必要なサポートが得られない時に起こります。女性が得るよりも多くのものを与えてしまうと、フラストレーションがどんどんたまってしまうのです。

また女性に責任感があり過ぎるのも、男性にとっては魅力が薄れるものです。昔の女性には、自分ひとりでできないことがたくさんありました。明らかに男性を必要としましたし、こうした頼りなさが、また男心をとてもくすぐったのです。男は自信を持って彼女を追い求め、目的意識や責任感が芽生えて彼女を養い支えたものでした。

ところが世の中が変わると、女性は強くなり、昔と同じ理由では男を必要としなくなりました。高学歴化し、就職の機会が増えるにつれて、女性はますます自分のことは自分で責任を持つようになったのです。これが良いことである反面、今までになかった問題が生じるようになりました。というのも、女性が出世し、責任感が強くなればなるほど、男心をそそらなくなっていくという可能性があるのです。

もちろん、女性が自分の人生にはやはり男性が必要だと認めれば、自分にふさわしい男性をうまくひきつけることだってできるのです。ただ、女性が自分の能力に満足しながらも、男性の気を引くには、ただ男性が必要だというだけでは不十分です。自分が何を望んでいるのかをはっきり自覚し、それを上手に表現しなくてはいけません。

「サポートを必要としている女性」と「物欲しそうな女性」の違い

物欲しげな態度は絶対嫌がられる、と女性はちゃんと知っています。でも残念なことに、こうした女性は、無用なものと一緒に大事なものまで捨てていることが多いものです。

いかにも物欲しげになったり、そう見えたりしないように、男性を必要とする気持ちを否定したり、合理化して打ち消してしまうのです。心の中では男性を求め、交際し、一緒にいたいと思っているのですが、男を必要と考えることは、彼女たちには耐えられないのです。

でも、男性の目を通して自分を見ることができれば、別の選択肢があることに気づくようになります。物欲しそうに見えたり、やけっぱちにならずに男性を求めることはできるのです。

男性の目から見ると、物欲しそうな女性と男性を必要としている女性とは、雲泥の差があるものです。

女性が物欲しげな時は、男性がくれるもの以上のことを望んでいるものです。その結果、彼に対してイライラを募らせ、それを態度にあらわしてしまいます。

女性が彼のしてくれたことに対して感謝するどころか、もっと多くを望むようなシグナルを送ると、これでは足りないんだと男は解釈します。彼女が多くを望んでいることについては、うんざりはしません。ただ、彼の与えたことに感謝をしないがために、「物欲しげ」の烙印を押されることになるのです。

彼がうんざりするのは、女性がより多くを望むからではなく、感謝しないからなのです。

男性を必要とすることと、男性からより多くのものを得ようとすることとは違います。男性のくれたものにきちんと感謝をすれば、物欲しげにならずにすむのです。自己を信頼し、相手を受け入れ、相手に応える態度を養うと、より多くを望みながらも、彼のくれたものに感謝できるようになります。

何も、手が足りない時にしか男性に助けを求めてはいけないとか、絶望した時にしかサポートを必要としてはいけない、ということではありません。より多くのことを望んでも構いません。

ただし、彼のくれたものは何でもありがたく受けとるようにしましょう。男は自分が必要とされていると感じると、いつでも喜ぶものなのです。

男の目から見て女性がいちばん魅力的に映るのは、自分の欲求に気づいた彼女が、その欲求はきっと満たされるはずだと信じている時なのです。

男性が自分の目標はきっと達成できると自信を持っている時にいちばん魅力的に見えるように、女性も必要なサポートがきっと得られると信じている時にもっとも魅力的に見えるのです。

このように自分を信じていれば、それらしき彼がまだまわりにいないからといって、男性を必要とする気持ちを閉じ込めてしまう必要などありません。自分の欲求はきっと満たされるはずだと信じていれば、女性の魅力が最大限に発揮され、物欲しげになったり、やけっぱちにならずにすみます。

自己を信頼し、相手を受け入れ、相手に応える、といった女性らしさの三つの特性を磨けば、物欲しそうに見られずに、男性を必要とすることができるのです。

健康的な欲求まで否定してはいけません

女性が、男なんかいらないわ、という態度をとると、せっかくのデートがぶちこわしになってしまいます。女性が永遠に続く愛情関係を心から求めても、そのたびに失望に終わります。

心を入れ替えて素直に男性を求めれば、ふさわしい男性がいつでもなかに入ってこられるよう、心の扉を開くことになります。

自分の欲求に素直に従うことによって、前にも増して男性を評価し、受け入れることができるようになるのです。

男性を必要とすることも、他の健康的な欲求にたとえることができます。

たとえば、少しお腹がすいた時は何か食べたほうがいいかな、と思いますが、たくさんはいりません。もっとお腹がすくと、はっきりと何か食べたいと思い、食べ物が普通よりおいしいと感じます。五、六時間も食べずにいれば、食欲が盛んに湧いてきます。これは食べる必要があるからです。こんな時の食事は、とてもおいしく満腹感を味わうことができます。

同様に、女性が健康的に男性を必要と感じる時は、反応が敏感になり、受容性にあふれ、自分を信じるようになり、それが男性にも伝わります。こうして女性のいちばんすばらしい資質が輝くのです。

もし、彼が理想の人、もしくは理想に近い人なら、彼女に引き寄せられるはずです。女性が男性の必要性にはっきりと目覚めれば、自分にふさわしい男性を磁石のようにひきつけることができるのです。

11章

ベスト・パートナーの条件

……「この人」に出会えたのは、けっして偶然ではありません

幸せな結婚をした人たちは、よくこう言います。実際、探しもしないのにベスト・パートナーに出会えたと。彼らは思わぬ時に、思わぬ場所で、あたかも偶然のごとく顔を合わせていました。

探しもしなかったためにラッキーだったと感じ、パートナーが見つかるとは思ってもみなかった場所でめぐり会ったために偶然だと思います。

また、思いがけない出会いをしたために、運命だとか神が介在したのでは、と彼らは考えています。

でも、彼らがパートナーを見つけたのには、きちんとした理由があるのです。なのに、それに気づいていないから、単に運命だとか幸運、偶然だと見なしてしまうのです。出会った相手を理想のパートナーであると悟るには、それなりの条件が揃っているものです。ですから、それがどういうものなのかを理解して、あなたもそのような

条件を慎重に整えれば、パートナー探しも、うんと楽になるはずです。

パートナー探しでも「天は自ら助くる者を助く」のです

自分にぴったりのパートナーを見つけるには、心構えだけでなく、実際にそれ相応の場所にいなくてはなりません。意図するかしないかはともかくとして、ベスト・パートナーに出会えた人たちは、実際にそういう環境に身をおいていたことになります。

意気投合できるパートナーに出会うためには、
それなりにふさわしい場所に身をおいていなくてはなりません。

あなたにひかれる人や、逆にあなたがひかれる人に必ず会える場所というのはちゃんとあるものです。

ただ、ほとんどの人が、どうしてひかれ合う力が自然に働くのか、わかっていないだけなのです。

「自分と違う世界」を持つ人にひかれる心理

ベスト・パートナーたちの日常を研究すると、ほとんどいつでも、ある一定の要素が存在するのがわかります。まず第一に、興味の違いがあげられます。

幸せな結婚をしている人たちは、必ずお互いが違った分野に興味を持っています。確かに共通の興味もたくさんありますが、それ以上に違うものに関心を抱いていることがよくあるのです。一般に、一緒に暮らし始めて数年もすれば、お互い違うものに興味を持っていることがいかに多いかに気づくものです。もっとも、最初は、こうしたことはわかりません。

ベスト・パートナーたちには共通の興味もたくさんありますが、それ以上に違うものに関心を抱いていることがよくあります。

独身者は、自分のパートナーになるべき人は共通の興味を持っているものだ、と誤解していいます。そのため、同じものに興味を持つ相手を探そうとします。確かに、興味を分かち合える場所で相手を見つけることは可能です。でも、そうでない場所でも見つけることができるのです。

> パートナーを見つけるには、
> あなたと違った興味を持っている人たちのいるところに
> 行ってみましょう。

あなたのお気に入りの場所に行って相手が見つからなかったら、あなたと違う興味を持った人たちのいるところに、ちょっと立ち寄ってみましょう。たとえパートナーがすぐには見つからなくても、少なくとも、よりウマの合う異性と出会えるようになります。すると、あなた自身の魅力に磨きがかかり、さらに相手を探し続ける気力が湧くものです。

新しいことにトライ、未知の自分に出会う

未知の世界に足を踏み入れれば、必ず今までとは違う自分が発見できます。今まで

接したことのなかったような人たちと一緒にいると、とても刺激になるのです。自分とはまったく違うからこそ、自分のなかにある未知の何かが興奮するのです。

相手が自分と同じような人間だからといって、刺激を受けるとは限りません。単に似たもの同士でいたいのなら、パートナーなど全然必要ありません。

ともかく新しいことに挑戦してみましょう。すると、本当に力がみなぎってきて、ますます魅力的になれるはずです。

自分が目もくれないことに、興味を持っている人たちのいるところに行ってみましょう。ダンスがきらいなら、ダンスを習ってダンスパーティーに行くか、ダンスの競技会に参加してみましょう。外食がきらいなら、もっと外で食事をとるようにしましょう。

このように自分の行動範囲を広げてみると、すてきな人と出会えるチャンスがうんと増えるもの。相性の良いパートナーを探すのが一段と楽になるはずです。

いい意味での依存関係が「男と女の引力」になる

互いのニーズを補い合える関係にあるというのは、とても大切なこと。ベスト・パートナーは、たいてい相手の必要とするものを持っています。男性が女性の必要とするものを持っていると、女性は引力を感じます。男性の場合はその逆で、男性の与えるものを女性が必要としてくれると引力を感じます。このように相互に依存関係が成り立てば、自然に心が引き合うようになるのです。

女性が男性をいちばん必要とする場所

女性の場合は、男性が与えてくれるものについて自分がいちばん受け入れやすく、応えられる場所でパートナーを探すのが賢いやり方と言えます。

パソコンのセットアップを手伝ってほしければ、パソコン・フェアなど、自分が実際に必要としているものを男性から提供してもらえそうな場所に出かけてみましょう。自分にふさわしい男性と出会えるかもしれません。とくにパソコンに興味もない人なら、さらに出会いのチャンスが広がることになります。

道に迷った時や旅先などで道を尋ねる時は、男性が教えてくれることをいつもよりありがたく受け止めるようにしましょう。馬で遠乗りに出かける時やアドベンチャー・ツアーの際も、男手が欲しいと思えることがたくさんあります。勉強会に顔を出すのも、男性を頼りにできる願ってもないチャンスです。

ルールをまったく知らないスポーツのイベントに参加するのも、一つの手でしょう。

試合を理解するのに、男性の助けをより素直に受け止められるはずです。

男は「専門家」になることが大好きです。ですから、男性の専門知識が役立つ場所に行けば、さらに大きな引力が働くことになります。

心の成熟度に比例するように、愛も深まっていく

また、ベスト・パートナーは基本的に人間としての成熟度が似ています。たいていの人は年をとるにつれて人間としての深みが出てきます。私たちは無意識のうちに、この成熟度や深みが同じレベルの人に引力を感じるものです。成熟度は必ずしも年齢に比例するとは限りませんが、重要な要因となります。

こうした引力を感じるには、同じ年齢の人たちと確実に出会える場所に行くのが一つの手です。

これには同窓会がもってこいで、たとえすぐには相手が見つからなくても、同年齢の人たちと再びつながりができれば、みんなの協力を得て相手を見つけることができるかもしれません。彼らの友人にも同じ年齢の人が多いはずです。

でも自分に心構えができていないと、自分にふさわしい人がいても、そうと気づきません。まずは自分自身を知る必要があります。

そうしてはじめて理想の人が見つかり、やがてデートの段階を追うごとに成熟度が増し、見る目が養われていくのです。

長いつきあいに終止符を打った後や離婚した後にベスト・パートナーを見つけるいちばんの方法は、かつて引力を感じたことのある昔のパートナーにまた会ってみることです。相手を失い、何カ月か悲嘆に暮れた後で、だいぶ正気に戻り自主性が出てきたなと思ったら、まだフリーでいる以前のパートナー全員と再度、連絡をとってみましょう。

単に電話をして旧交を温めるだけでも構いません。何かひらめくものがないか確かめてみてください。人と交際していくうちに、かなりの人が成長し、成熟していくため、再出発をする段になって、過去にうまくいかなかった関係に、またトライできることに気づくのです。

〝波長が合う〟とは、価値観が似ているということ

ベスト・パートナーは、共鳴し合う同じ価値観を持っています。そのため、お互いができる限りいい自分でありたいと発奮することになります。

家族、仕事、遊び、お金、性格、セックス、結婚などについて、相手の価値観に共

感が持てると、活力が湧いてきます。相手の長所を見出し、相手の価値観を尊重し、高く評価することができます。

でも、同じ価値観を持っているからといって、何でも同じように考え、感じるとは限りません。それでも相手の意見を大事にし、どんな見解であれ、敬意を払うことができるのです。

価値観が共有できると波長が合うので、さまざまな問題を克服できるようになります。どうしても避けられない浮き沈みを経験しても、魂の奥底で相手を高く評価し、共感を忘れなければ、いつでもバックアップが得られるものです。

このように相性が良ければ、自分の立場や大事なことをあきらめることなく歩み寄ることができます。自分の価値観を支持してもらえる場所に行けば、きっとベスト・パートナーに出会えることでしょう。

12章

いつも〝発展途上〟の二人がすてき

……お互いのスタイルを大切に生きていくということ

なかには、デートの五つのステージを学んだわけでも、理想の相手の選び方を習ったわけでもないのに、何もかもきちんとこなして、ずっと幸せに暮らしていく人たちがいます。

彼らは何の自覚もなしにデートの五つのステージを難なくクリアしたか、でなければ、ただただ幸運に恵まれて、自分にぴったりの相手を選んでいたのです。

でも、ほとんどの人にとっては、理想の相手を見つけ、二人の関係をうまく育てていくことは、学び、磨き、練習する必要のある重要なテクニックなのです。

そこで、理想のパートナーを探す旅の途中ですぐに挫折してしまわないために、次のことを頭に入れておきましょう。同じ目的地を目指していても、道はいろいろあるのです。

パートナー選びにも人それぞれの「型」がある

自分にふさわしい相手を探すには、生活上のその他のテクニックと同様、才能と教育と練習が必要です。ですから、この三つが揃った時に、マスターできる可能性も高くなるのです。ただし、マスターする過程には、三つのスタイルがあります。シェイクスピアがこう言っています。

「高貴な身分に生まれるものもあり、高貴な身分をみずから獲得するものもあり、高貴な身分を投げ与えられるものもあります」（『十二夜』第二幕第五場・小田島雄志訳より）

別の言い方をすれば、スピード達成型、こつこつ前進型、いきなり開花型の人間がいるわけです。

スピード達成型の人は天賦の才に恵まれていると言えるでしょう。生まれながらにずば抜けた才能を持っているのです。たとえば、ピアノの前にすわったとたんに指が動き、楽譜など見なくても、歌を聞いただけでその曲を弾いたりすることができる——こんな才能に恵まれた生徒、もしくは天才児がスピード達成型の人間なのです。

彼らは独自の偉業をさっさと成し遂げてしまいます。異性関係においても、相手に出会っただけで恋に落ち、以後ずっと幸せに暮らしていきます。でも、こうした人はごくわずかしかいません。大部分の人はスピード達成型ではないのです。

たいていの人は、こつこつ前進型です。先生から教わり、試行錯誤を繰り返しながら学んでいきます。天賦の才などないので、自分で手を伸ばして獲得し、探しては見つけ、失敗し、といったことを繰り返していきます。教育を受け、人生経験を積み重ねることで自分の才能を見出すのです。

たとえばピアノを学ぶ時は、先生から専門的な指導を受けて楽譜の読み方から学び、しだいに弾けるようになっていきます。同様に異性関係でも、つきあいを重ねることで相手を理解し、相手の心を正しく「読む」方法を学びます。

こつこつ型の人間は着実に前に進み、やがては自分にふさわしい相手を見つけていきます。あらゆる関係、経験が理想の相手を探していくうえでの肥やしになるのです。デートの各ステージに時間をかけ、前向きな姿勢で別れを経験することによって、目標に到達し、パートナーを見つけることができるのです。

いきなり開花型の人間は、大器晩成型です。こうした人たちは、何年経ってもまるで進歩が見られず、後ろ向きに進んでいるようにさえ見えます。いくら練習しても、そのかいがありません。でも学んでいないように見えても、実際にはきちんと学んでいるのです。

頭に入ったことがやがて芽を出す時が来ます。他人がピアノを弾いているのを嫌というほど見学し、十分に音楽を聴いて練習を重ねているので、いつの日か、本当にピアノが弾けるようになります。アインシュタインは言葉を覚えることに関しては、いきなり開花型の人間でした。子供のころの彼は、何年もの間、ひと言も言葉を口にせず、ただひたすら人の話を聞いていました。

でも、じっと観察し、すべてを吸収していたのです。やがて五歳になった時、彼はいきなり完璧なセンテンスを話し始めました。何もしゃべれなかったのに、間の過程をすっ飛ばして大躍進を遂げたのです。

こうした人たちは、異性関係においても、他の友達がみんな結婚したずっと後で理想の相手とめぐり会うものです。そして、その相手と恋に落ち、以後はずっと幸せに暮らしていくのです。

あなたがいきなり開花型の人間なら、まだその時期が来ていなくても、デートの五つのステージを頭に入れておきましょう。そうすれば、さらに充実したおつきあいができるようになり、いずれは、あなたなりの適齢期が訪れることでしょう。

学び方にもこうしたスタイルの違いがあるのがわかれば、デートの五つのステージがいかに重要か、ずっと理解しやすくなります。そこで、真の愛を求めて歩んでいる途中で道を踏み外すことのないよう、お互いの違いにも理解を示すようにしましょう。

興味の相違は「相性の不一致」ではありません

相手に引力を感じていても、二人の共通点があまりないと、うまくいかないのでは、と思いがちですが、これは誤解です。

逆に、たいていはお互いの違いを理解することによって、それぞれのニーズが満たせるようになります。違いがあるおかげで相互に補完し、支え合うことができ、けっして障害にはならないことに気づくのです。同様に、出会った相手が違うことに興味を持っていても、二人の関係は絶望的ではない、と言えます。

上手に意思を伝えるテクニックをマスターしていれば、違うことに興味を持っていても、けんかにはなりません。

女性はよく、夫がゴルフばかりしているとか、スポーツに熱中し過ぎだと愚痴をこぼしますが、スポーツに興味があるのは何ら困ったことではありません。問題なのは、お互いの欲求への思いやりがないことなのです。

男女がお互いを誤解し、相手の行動の意味を取り違え、感情の伝え方を誤ると、互いをいたわったり欲求を満たすことができなくなり、腹立ちを覚えるようになります。

腹が立ってくると、二人の興味の対象がさらに大きく食い違うようになります。両極端に向かって走り始めるのです。怒りや対立が二人の関係にどのように作用するのか、いくつか例をあげてみましょう。

・彼がとても疲れているのに、彼女は外出したがる。
・彼は映画を見に行きたいのに、彼女はコンサートに行きたがる。
・彼女は中華料理が食べたいのに、彼はイタリア料理を食べたがる。
・彼はセックスしたいのに、彼女がその気にならない。
・彼女は散歩に行きたいのに、彼はテレビを見たがる。
・彼が仕事に遅刻するというのに、彼女は話をしたがる。

いずれの場合も、二人の関心や欲求が対極にあります。いっぽうが何か欲しがると、もういっぽうが別のものを欲しがるのです。

対立すればするほど、相手が見向きもしないものに関心を抱くようになります。でも、怒りを発散する時に、より上手に気持ちを伝え、理解を示し、寛大になれば、二人の違いは障害とはならなくなります。

違うことに興味を持っている人にひかれるのは、そうした人といると、ある意味で自分が一人前になったように感じられるからです。つまり、自分の生活に欠けている部分を相手が埋め合わせてくれるのです。関心の対象が違うおかげで、自分の未発達な面を相手が持っていて、教えてくれるわけです。

時を経て、愛情によって二人が結ばれると、さらに多くの興味を分かち合えるようになります。相手の存在が刺激となって成長を促し、それまでは見向きもしなかった、生活のあらゆる側面にもっと関心が向くようになるのです。

ベスト・パートナーとは「自分の可能性」を広げてくれる人

パートナーなら自分の価値観に共鳴し、自分と同じように考え、感じてくれるものと期待してはいけません。これはとても大事なこと。

また、価値観に共鳴したからといって、興味や欲求までも同じだと思いこまないように気をつけましょう。

すでに学んできたように、ベスト・パートナーは違うことに興味を持っているだけでなく、感情的にも違う欲求を持っているものです。ただし価値観が同じだと、そうした違いを乗り越えて、うまく歩み寄れる土台をつくることができます。共感が持てると、二人の違いをうまく調整することができるのです。

共感が持てれば、たとえ二人の見方が違っていても、相手の意見や欲求を理解し、支持することができます。時に双方にとって都合の良い解決法を見つけるのが難しい場合でも、意思の疎通がうまくいき、愛情と共通の価値観があれば、解決法は見つかるものです。

お互い違う人間なのですから、もちろん面倒なこともあります。でも、そのおかげでさらに成長して一人前になり、相手への愛情が深まり、思いやりが持てるようになります。

自分とは違う人にひかれるのは、人間的に成長し、自分を越えるものを受け入れたいという、魂の奥底にある願望を満たすためなのです。こうして、私たちは自分の可能性を広げていくのです。つまり、二人がつきあえば、自分の持てる力をすべて出し切る助けと支えを得ることになるのです。

自分とは違う人にひかれるのは、人間的に成長し、自分の可能性を広げたいという願望のあらわれなのです。

〝はずれくじ〟に後々後悔しないために

それなりにふさわしい場所を探していれば、いずれは理想の相手にめぐり会えますが、時には、ふさわしくない相手を見つけてしまうこともあります。強い引力を感じたのに、引いてみたら、はずれくじ、なんてことがあるのです。でも、これも勉強のうちです。失敗からしっかりと学んで、健全な引力と不健全な引力を見分ける力を養いましょう。

不健全な引力をきちんと認識し、それに引かれないようにすると、健全な引力を感じ取る能力が冴えてきます。逆に、不健全な引力に引かれて深い関係を続けていくと、理想の相手からの健全な引力を感じる能力が衰えてしまいます。

幸せに暮らし、ベスト・パートナーを見つけるには、この二種類の引力を識別することがとても重要なのです。

こんな〝不健全な引力〟にまどわされないこと

自分が必要とされていると実感した時に男性が感じる引力は、たいてい健全なものです。でも、自分の欲求や要求が満たせそうだ、ということが根本にあって感じる引力は、必ずしも健全なものとは言えません。自分が得ることばかり考えている時の引力は、不健全なものなのです。風邪かインフルエンザにかかったように、ちょっと要注意な場合もあれば、専門医の助けが必要な場合もあります。

不健全な引力が働いている時は、二人の関係はうまくいきません。健全でない点を直しても、二人の間に健全な引力が働くかどうかはわかりません。

不健全な引力を感じた場合には、デートの各ステージを慎重に踏み、親密な関係に急がないようにしましょう。そうすれば、不健全な引力など消えてしまいます。

五つのステージを通して相手を知っていくうちに不健全な引力は弱まり、二人が理想の関係であれば、健全にひかれ合うようになります。ここで、男性が感じる不健全な引力の警告サインをいくつかあげてみましょう。

男性が感じる不健全な引力の警告サイン

・お金が欲しいとか仕事をしたくない時に、お金持ちの女性にひかれる。

・担当の看護師に恋をする（この場合、病気が治った後で、ひかれた気持ちをテストしてみる必要があります。それからでないと、自分の世話をしてもらったことを感謝する以外に彼女に与えるものがあるかどうかわかりません）。

・他人に自分が成功者であることを証明したいがために、抜群の魅力を持った女性とつきあいたいと思う。
・お色気たっぷりで思わせぶりな女性から性的な満足を得たいという欲求があるが、ずっとつきあう気はないというはっきりとした自覚がある。
・家賃を折半したいために同棲がしたい（この場合、女性でなくとも、一緒に暮らす相棒ぐらいすぐ見つかるはず）。
・彼女と別れた直後に誰かと親密な関係を持ちたいと思う（これでは、お腹をすかせた人と同じ。愛情と親しみのこもった人間関係に飢え、見境がなくなっているだけです。立ち直れば、誰かにひかれた気持ちもすぐに失せてしまう）。
・彼女から熱烈に愛されているので、このすばらしい関係を終わらせたくない。でも、将来、彼女と結婚する気などまったくない。
・彼女から「私が今までに本当に愛したのはあなただけよ。あなたは他の男とは違うわ」と言われたから、彼女にひかれた（これは、ほめられているように聞こえるが、彼女がまだ未熟だということを意味している）。
・ある女性とつきあっていながら、別の女性に魅力を感じる（浮気をして別の女性に手を出すことに味を占めてしまうと、ますます他の女性たちに魅力を感じるようになります。そのため、本来のおつきあいのほうは、ないがしろになる）。

・彼のいる女性、もしくは高嶺の花に引力を感じてしまう。
・ある女性に押しまくられてつきあうはめになったが、性的な魅力を感じない（そのうち感じるようになるわ、と彼女から説得されるかもしれないが、女性の場合は時間が経てば感じるようになっても、男性の場合は、はじめから感じるか、はじめに感じなければ、ずっと感じないもの）。
・彼女は愛していると言ってくれるが、何一つとして彼女を満足させられない（この場合、強い愛憎関係が生まれる。女性はみんな、さらに多くのものを望みますが、男性は今の自分や自分の与えたものが十分であるという、はっきりとしたメッセージを受け取る必要がある）。

女性が感じる不健全な引力の警告サイン

自分の欲求が満たされているという自覚よりも、自分が必要とされているという自覚が強いと、女性は不健全な引力を感じるようになります。いくつか例をあげてみましょう。

・ある男性に同情し、自分がいないと彼はどうやって生きていくのだろうかと心配でたまらない。

・彼を愛したい一心で、見返りを気にしない（これは立派なことのように聞こえるが、彼をダメな男にしてしまい、いずれ、あなたはいらだちを覚えるようになる）。
・男性からどうしてもと望まれて、有頂天になってつきあってしまう。
・浮気性の彼があなたと二人になると、君だけは特別だと言ってくれる（もし彼が複数の女性の尻を追いかけているようなら、つきあい続けても自分をおとしめるだけ。他の女性ともデートをしているのに、あなただけが特別なわけがない）。
・彼の潜在能力を見抜き、自分が援助すれば、彼が偉くなれると感じる（女性が内助の功を発揮してしまうと、たいていの場合、彼はいずれあなたと別れて、自分の手で幸せにできる女性を探すようになる）。
・破滅的な性癖を持つ男性を見ると、自分なら助けてあげられると感じる（こうした引力が働くのは、自尊心の低い女性にとって、自分のせいで彼に問題が起こったのではない、と思えることが良い気分だから）。
・すぐさま男性の性的な魅力にひかれる（これは、彼はきっとこんな人、という期待に胸を躍らせているだけであって、彼自身をよく知ったうえでひかれているわけではない。このような引力に反応してしまう前に、デートのはじめのステージを三つともきちんと踏んだかどうか確かめる）。
・彼の願いを聞き入れて、彼を喜ばせてあげたい（これは明らかに、自分の欲求を彼によって満たしてもらえるはずだと思っているのに、まだ満たしてもらってはいないという証拠。本当に満たされるまでは、こうしたことは控えるように）。

・男性から大事にされていないと感じているのに、彼が正しい行動をとれない理由に納得してしまっている（彼が無礼な人間なら、自分の過去をあなたのせいにして自分を正当化するはず）。

・性的には引力を感じるのに、他の欲求が満たされるという確信が持てない。

見るからに自分にふさわしくない相手とつきあうようなミスを犯さないよう、こうした不健全な引力についてのサインをよく頭に入れておきましょう。

「この人」との出会いは、運命だったのです

理想の相手探しに間違いはあるものです。失敗するか成功するかの差は、失敗から何を学び、見る目をどう養うかにかかっています。ホームランを狙えば、三振の可能性も激増します。かつて最多ホームランの記録を持っていたベーブ・ルースは、三振の記録も数多く持っています。

異性とより良い関係を築きたければ、今までとは違うテクニックを学ばなくてはな

りません。速く走りたければ、それだけ転ぶ回数も増えます。

成功の秘訣は、転んでも立ち上がって走り続けることです。そのくらいあなたにもできるはずです。うまくいったら、過去を振り返ってみましょう。自分にとって、ちょうど良いタイミングで出会いが訪れたことに気づくはずです。

無難なパートナーではなく、真のベスト・パートナーを見つけるには、新しい知識を身につけ、それを学習し、実践することが必要です。そうしてはじめて、デートの五つのステージをクリアし、正真正銘の永遠の愛を手にする能力が育つのです。

愛につきものの幾多の危機を乗り越え、互いの違いも調和に変えて克服し、価値ある関係を築く努力を忘れなければ、きっとあなたにいちばんふさわしいパートナーが見つかることでしょう。

二人でずっと幸せに暮らしていくことだって、夢ではないのです。

いつか、君は絶対にすてきな人にめぐり会える

訳者あとがき

秋元 康

僕はニューヨークの書店で、おもしろい本を見つけた。どこの書店に行っても平積みにしてあり、気になって手にとってみたのだ。それがこの本、『この人と結婚するために』（*MARS AND VENUS ON A DATE*）である。著者のジョン・グレイは著名な心理学者だという。

内容は、男と女の恋愛論。出会いから結婚までのマニュアルを説いたもの。

恋愛を五つのステージに分けて筆を進める彼を、いかにもアメリカ人好みの、合理的な考え方の持ち主だと思った。

なぜなら、恋愛はそんなに単純に割り切れるものではない、と僕は思っていたからだ。恋にマニュアルはない。百人いたら、百通りの恋のストーリーがあっていい。

けれど、人間というのはキャパシティが決まっていて、そのキャパシティのなかで動いている。

たとえば、うまくいく恋には必ず何かがある、と思っている。

それが何かと言えば、運命的なこと。

よく結婚式などで、二人のなれそめが披露されたりするが、「二人で雨宿りしていたら、この人だとピンときたんです」のようなことだったりする。それは、他人から見れば「今だからそう思うのだろう」というようなことだ。でも、どんな「なれそめ」も、当人たちにとっては、まぎれもなく「運命的なこと」だったのだ。少なくとも、当人たちはそう思いこむことによって恋を実らせたのだ。

また、「すべての恋は一目惚れから始まる」と僕は思う。

「私は一目惚れではありませんでした。二年つきあっているうちに、その人の良さにひかれたんです」というような時、じゃあ、なぜ二年間も仕事仲間、もしくは友だちとしてその人とつきあってきたのか、そのきっかけは何だったのか。

それは、気づかないけれど心がわかっていた、心が相手に運命的なものを感じていて、その恋が二年後に実っただけなのだと思う。

こうしたことは、恋は人それぞれだけれど、「結果論」として同じ行動パターンをとっている、ということの一つの例と言えるのではないだろうか。

だから、そういう視点を持ってグレイの本を読み進めていけば、多くの人がかなりの部分で共感することができると思うのだ。

恋の始まりの、その「距離感」を大切に

本書のいちばんの特色は、恋愛には五つのステージがある、と定義していることだろう。この五つのステージを時間をかけてきちんとこなしてこそ、幸せな結婚にたどりつけるという。

まず、はじめのステージは「ひかれ合う」という段階である。

何だかよくわからない、言葉にならないけれど、「そばにいたい、会いたい、もっと相手のことを知りたい」と思うのが、ひかれ合うということ。

そして、恋の始まりの、その「距離感」を大切にしてほしいとグレイは言っている。この距離感こそが、男性に女性をもっと知りたいと思わせる力になるからだ。

そして、この距離感は、男と女の「恋のスピード」が違うというところから生じているのだと思う。たとえば、キスまでに至る時間とか、待ち合わせに遅刻した時に許せる時間の長さとか、こうした違いが、男が女を追いかけさせ、ひかれ合う気持ちをかきたてるのだ。

恋の過保護はいけない

次の第二ステージは、この人で本当に間違いないのか、と「心が揺れる」時期であるという。

グレイは、気持ちが揺れている男性をつなぎとめるために、女性が男性を不必要に追いかけたり、セックスを恋愛関係の特効薬にしてはいけないと書いている。

これはつまり、恋の過保護になってはいけない、ということだと僕は思う。

久しぶりに恋をすると、女性はその恋をこわさないように、とても過保護になる。男性にきらわれないように、気を遣い過ぎる。もちろん、自分の好みのタイプの人に出会って、デートを重ねて、恋愛関係にもっていって……という労力を考えると、その恋を失いたくないと女性が考えるのも、わからなくはない。

でも、恋の過保護はいけない。なぜなら、「赤い糸」は切れないから。男と女の運命的な「赤い糸」というのは、どんなことがあっても絶対に切れない。

逆に、もしもそれが偽物であれば、どんなに赤く見えても、その糸は切れてしまう。どんなに大切にしても、どんなに過保護にしても、ある時どこかでプツンと切れてしまう。

だから、獅子が我が子を千尋《せんじん》の谷に落とすように、この赤い糸をぶんぶんに振ってみたらどうか。気乗りがしない時に「ノー」と言って、それで二人の関係が切れてしまったら、その人とは「赤い糸」で結ばれていなかったのだ。

だから、相手の心が揺れている時、不必要に追いかけるのは得策ではないし、そこで切れてしまった相手に執着するのは、意味のないことだ。

相手の〝外堀〟を埋めようとしないこと

そして、第三ステージは「相手をひとりに決める」時である。

ここでは、男と女の緊張感が解け、お互いに愛情表現を怠りがちになる時期、とグレイは言っている。それまで、男性はデートの計画を立てたりして女性を喜ばせ、女性はそれを素直に喜んでいたのに、そうしたことがなくなっていくというのだ。けれど本当は、この時期こそ、男と女のコミュニケーションの取り方の違いを理解できるように努力しないといけない。

また、相手をひとりに決めようとする時に、男の「外堀を埋めようとする」女性がいるが、こういうことは逆効果だ。

たとえば、彼の友達と仲良くしたり、自分の女友達を紹介したり、親に会ってと言ったり、どんどん相手の外堀を埋めようとする人がいるが、こんなことをされると、男は腰がひける。

それから、女性は減点式で男性を見る。自分が心を開く、あるいは身体を許すのは「この人だ」と決めた時で、その時に女性はその男性を百点だと思う。でも、優柔不断なところがあるから九十点とか、意外にお金の使い方が良くない、話しているとつまらないから八十点というようになっていく。

でも、男はそうではない。三十点でもつきあうことができる。そのぶん、逆にすべての女性とつきあってみたいという願望も強くなる。そして、ごく普通の女の子だと思ってつきあい始めてみたら、意外としっかりしているとか、家庭的だとか思ったりする。だから、男は加点式。

この「減点式」「加点式」の差に加えて、男と女は恋のスピードも違う。だから、男が二人のことをあまり深く考えたくない時などに「外堀を埋め」ようとすることは、男にとっては息苦しいものになるのだ、ということを覚えておいてほしい。

最後に残るのは「人間としての魅力」

第四ステージは「親密な関係になる」時だ。心をすっかり許し合い、肉体的にも親密度が高まるのがこの時期だという。

特に、女性は落ち込んだ時の自分をも男性に見せるようになる。こんな時、男性から共感や同情を得ると、女性はますます愛されていることを実感できる。

男性と女性は、お互いの性差からひかれ合うわけだが、そういう魅力や恋愛のときめきは、だんだんに消えていってしまう。

その時に、相手が同性だったとしたら、つまり彼が女に生まれていたら、彼女が男に生まれていたら、友達になれるかどうか、というのが大切になってくる。最終的には、人間として魅力の有無が二人の関係を決めるということだ。

それから、男と女は出口の扉を開けたままにしておいたほうがいいと僕は思う。

つまり、あなたはいつでもここから逃げ出すことができるんだよ、この関係を解消できるんだよ、それでも一緒にいたいから一緒にいるんだ、という関係を大事にしてほしい。

グレイも言っているが、男性はある時期、二人の親密な関係から距離をおきたくなる。その時、出口が開いていれば、男性が追いつめられることはない。そのほうが気が楽だし、素直でいられる。

女性は嫉妬心が強くて、よく「私以外の女性とは話さないで、電話もしないで、会いもしないで」というようなことを言ったり、何時に会社に行ったとか、何時に帰ってきたかとかを、チェックしたりする。

確かに、そういうことをしていれば、相手は他の女性と接することがないかもしれない。でも、一生そうやって相手を規制することはできない。

そうではなく、わざと出口のドアを開けておいて、「あなたが他にいい女《ひと》がいるんだったら、しょうがないことだわ」というスタンスをあくまで保つ。そのほうが自分に対する自信を高めることになるし、出ていってしまったら自分を支えてくれる人がいなくなるんだな、と相手に気づかせることになるのだと思う。

男にとってプロポーズと結婚は〝いす取りゲーム〟

それから、最後の第五番目のステージには、「プロポーズと婚約」が待っているという。

この段階に来ると、相手は自分が本当に結婚したい人かどうか、わかるようになるとグレイは言う。ただ、プロポーズの言葉や結婚そのものに、あまり大きな期待をしてはいけないと思う。それは、二人の関係において結婚はゴールではなく、あくまでも通過点に過ぎないのだから。

男にとって結婚とかプロポーズは、いす取りゲームのようなもの。たとえば、本当に相手が好きだとしても、まだ二十二、三歳だと結婚は躊躇《ちゅうちょ》する場合がある。結婚を決めるのは、いす取りゲームで言えば、音楽がなりやんだ時。タイミングがあるのだ。どんなにすてきな女性とつきあっていても、音楽がなりやまない間は結婚を決めることはない。

じゃあ、それはどんな時になりやむかというと、まわりの友だちがみんな結婚し始めた時、友達の家で赤ちゃんを抱きながら酒を飲んだ時、実家の父親が倒れて家業を継がなくてはならなくなった時、仕事でひと区切りがついた時などだ。

だから、結婚にはタイミングがとても大切なのだ。やみくもに「結婚しよう、結婚しよう」と言っても難しい。それよりも、彼のなかでの音楽がなりやむ時を待ったほうがいい。

恋も結婚も、期待し過ぎず、気負わず、が大切ということだ。

マラソンでも「二十キロ走るのですよ」と言われると無理だと思ってしまうが、距離を言わないでおくと、気づかないうちに二十キロ地点を通過していたりする。結婚というのも、これに近いものがあると思う。気づいたら、結婚という地点を通過していました、というようなものだ。

結婚までたどり着けない人というのは、用意周到過ぎたり、考え過ぎたりしているからではないかと思う。結婚は二人で「する」ものなのに、結婚「してくれるのか」

と心配したり、逆に、自分の人生には男なんて必要なし、結婚なんてしなくていいと口にしてみたり。

結婚に対してもっと楽観的に考えていると、何かのきっかけ（たとえば、友達の結婚が触媒になるケースは多い）で、すっと結婚できてしまったりする。

もちろん、グレイも言っているように、はじめから自分にぴったりの相手を見つけるのは、アーチェリーの的の真ん中を射るように難しい。だから、何回か弓を引いて、いろんな人との恋愛を重ねていくうちに、肩の力も抜けて、自分だけのベスト・パートナーがわかってくることになるのだ。

「釣った魚に餌をやりたい」と思わせる努力を

さて、こうしたデートの各ステージでの説明以外にも、グレイは男女関係のルールについてさらに詳しく述べていく。たとえば、「男が追いかけ、女が応える」というルールである。

確かに、男性は女性と親密になるまでは、非常に一生懸命頑張るし、サービスもする。ところが、手に入れてしまって、自分のなかである種の支配や充足感を得ると、達成感を感じてしまう。

そこでポイントになるのは、「釣った魚に餌はやらない」男に、「まだ餌をやりたい」と思わせるにはどうしたらいいか、ということである。それには、「もっと知りたい」という要素が女性にあるかどうかが問題になる。

親しくなったからといって、厚かまし過ぎる態度をとったり、物欲しそうなことをすることは厳禁で、もっと知りたいと相手に思わせる魅力とかミステリアスな部分を大切にした方がいい、とグレイは言うのだ。

セックスして男が去っていくのは、セックス以上に知りたいという興味を女性に持てないから。セックスしても、もっと知りたいという要素がある女性が魅力的だということだ。そして、それはその人が価値観をしっかり持っているかどうかということにつながっている。

しっかりした価値観を持っている女性に対しては、彼女の意見が男にとってある種の座標軸になっている。こんな女性は、一生飽きられることがない。

「釣った魚に餌をやらせる」努力を怠ってはならない、ということだ。

「恋を中心に」生きられない男の言い分

それから、グレイは電話のかけ方について一章を割いている。

女性は恋をすると、その恋を中心に生きる。彼が生活の中心に来るから、多くの女性は彼の電話を待ってしまう。電話を気にして、シャワーもおちおち使えない女性もいるらしい。

でも、男はたとえ彼女が好きであっても、その恋が自分の生活のプライオリティのナンバーワンになることはない。

だからといって、「仕事と私のどっちをとるの？」みたいなことではない。

別に彼女と何かを比較しているわけではない。恋の分野では、もちろん彼女がいちばんだ。だからこそ、彼女のために仕事をしていかなくてはならない、生活していかなくてはならない、男として頑張らなくてはならない、ということなのだ。

言わば、男はマラソンをしながら生きている。そのなかで、カミさんになる女性を背負いながら走っていかなくてはならない。その時に、「毎日、電話をしなくてはならない」というプレッシャーはとても大きい。

それから男に多いのは、毎日、電話で何を話せばいいのかわからないということ。女性のように、何となくおしゃべりをし続けるというのは苦手なのだ。もちろん話すことがあるうちは、一時間でも二時間でも話したい。ところが、電話をし合うという「約束」になると、それがプレッシャーになってしまう。

だから、男は用事や話したいことがある時などはいくら電話しても構わないのだけれど、女性のように、とりとめもなくだらだら話すことはできない。それが嫌なのではなくて、できない。それだったら、そばにいたい。話さなくても、そばにいれば気持ちは通じるから、相手が本を読んでいても、CDを聴いていても全然構わない。

こうした電話をめぐる男心を、女性にはもっとわかってほしいと思うのだ。

男も女もいちばんの魅力はこの〝生命力〟

またグレイは、女らしさの要素として、信頼感、受容性、敏感な反応という三つをあげている。女性はそういう包容力を持っているといいと思う。

たとえば、一緒に住むと決めて部屋探しをして、契約してから「あら、この部屋は意外と日当たりがいいじゃない」とか「意外にクローゼットが広いのね」といった女性ならではの視点でものを見られることに男は好感を持つ。

これは、はじめにその部屋の嫌なところも見ているから出てくる言葉。これと同じように、つきあっている彼が誠実なんだけれど生真面目で、そこがちょっと堅過ぎるかな、とはじめは思っていたけれど、「すごくつまらないジョークを言う時があって、それがかわいい」とか優しく見られるようになる。こうした受容性は、男から見てとても好ましいと思う。

これは、女性の生命力と言い換えることもできる。

僕は、男も女もいちばんの魅力は生命力だと思っている。どんなにお金とか、地位とか、名誉とかを失っても、「まぁ、二人で頑張れば何とかなるんじゃない」とか「私がついているじゃない」と言える生命力があればいい。

世界中を敵にまわしたとしても味方になってくれるその人が、生命力の強い女性というのは魅力的だし、そういう女性こそ最高に女らしく見えるんじゃないかと思う。

いつかすてきな人にきっとめぐり会える

男と女が結婚したり、ベスト・パートナーになるということは、同じ鉢から木が伸びていくようなもの。つまり、根っこは同じだけれど、お互いが何の制約もなく、のびのびとそれぞれの枝を大きくしていっているようなものだ。

つまり、「あなたは私の、私はあなたのベスト・パートナー」とお互いに束縛しあって、ベスト・パートナーを自称しながら生きていくのではない。何の制約もなかった、つまり別れても、離婚してもよかったはずのに、なぜか出会ってから四十年、五十年の月日を一緒にいたね、と死ぬ時に言い合えるのがいちばんいい。

つまり、はじめからベスト・パートナーになりましょう、なんて気負う必要はまったくない。

　僕は親父が死ぬまで、身内の死を知らなかった。そしてその時まで、僕は好きな人がいたら、その人よりも先に死にたいと思っていた。なぜなら、その好きな人を失うのがつらいから。でも、親父が死んでから思ったのは、それだけつらいからこそ、逆に自分がこのつらさを引き受けなくてはいけないのだ、ということ。こんな苦しいことを、ベスト・パートナーである彼女に負わせてはいけないと。

　だから、僕はベスト・パートナーよりも長生きしようと今は思っている。親父の死があるまでは、愛しい人を失うつらさにはとても耐えられないから、彼女より一秒でも先に死にたいと思っていた。でも、今では一秒でも長く生きて、とても苦しい部分は自分が負ってから死んだほうがいいなと思っている。そして、そう思える相手こそ僕にとってのベスト・パートナーだ。

　最後に、グレイは「いつかすてきな人にきっとめぐり会える」と言っている。一生ベスト・パートナーにめぐり会えないのではないか、とみんな不安になるけれど、絶対に大丈夫。ここだけは、僕が約束してもいい。

　いつか、君は絶対にすてきな人にめぐり会える。

本書は、小社より刊行した単行本を文庫化したものです。

ジョン・グレイ（John Gray）

アメリカの著名な心理学者。特に自己開発と人間関係論の分野で活躍。氏が創設したウィーク・エンド・セミナー「男と女の人間関係」講座は、全米各都市で開催され大好評を博している。またCBSやNBC等テレビ、ラジオでホーム・カウンセラーとして絶大な信頼を得ている。著書に、全世界で一二〇〇万部を突破した『＊ベスト・パートナーになるために』をはじめ、『＊ベストフレンド ベストカップル』『＊ジョン・グレイ博士の「大切にされる女《わたし》」になれる本』（以上三笠書房刊、＊印《知的生きかた文庫》）などがある。

秋元 康（あきもと・やすし）

東京生まれ。高校時代から放送作家として脚光を浴び、数々の番組企画を手がける。八三年から作詞家として活躍。『川の流れのように』『愛が生まれた日』など多くのヒット曲を生み出す。著書に『男の気持ちがわからない君へ』、訳書に『＊ジョン・グレイ博士の「愛される女《わたし》」になれる本』の他、『＊だから、彼女の恋はうまくいく』『＊だから、彼女は愛される』（ジャーストマン＆ピゾ＆セルディス）〈以上、訳書は三笠書房刊《知的生きかた文庫》〉など多数がある。

知的生きかた文庫

この人《ひと》と結婚《けっこん》するために

著　者　ジョン・グレイ
訳　者　秋元《あきもと》　康《やすし》
発行者　押鐘太陽
発行所　株式会社三笠書房
郵便番号一〇二-〇〇七二
東京都千代田区飯田橋三-三-一
電話〇三-五二二六-五七三四〈営業部〉
〇三-五二二六-五七三一〈編集部〉
http://www.mikasashobo.co.jp
印刷　誠宏印刷
製本　若林製本工場

ISBN978-4-8379-7574-8 C0130
落丁・乱丁本は当社にてお取替えいたします。
定価・発行日はカバーに表示してあります。